Andersens eventyr
Andersen's Fairy Tales

Bilingual Book in English and Danish

by Hans Christian Andersen and Svetlana Bagdasaryan

Thumbelina

There was once a woman who wished to have a little child, but she did not know how she could get one. She went to find an old witch, and said to her, "I have a great desire to have a little child. Won't you tell me where I could get one?"

"Oh, we can easily manage this!" said the witch. "There you have a barleycorn; it is not of the kind that grows in the countryman's field, or which the chickens get to eat; put it into a pot, and you will see!"

"Thank you", said the woman.

And she gave twelve shillings to the witch, went home, planted the barleycorn, and there immediately grew up a great beautiful flower that looked a lot like a tulip, but its petals were tightly closed as if it were still a bud.

* * *

Tommelise

Der var engang en kone, som så gerne ville have sig et lille bitte barn, men hun vidste slet ikke, hvor hun skulle få et fra; så gik hun hen til en gammel heks og sagde til hende: "Jeg ville så inderlig gerne have et lille barn, vil du ikke sige mig, hvor jeg dog skal få et fra?"

"Jo, det skal vi nok komme ud af!" sagde heksen. "Dér har du et bygkorn, det er slet ikke af den slags, som gror på bondemandens mark, eller som hønsene får at spise, læg det i en urtepotte, så skal du få noget at se!"

"Tak skal du have!" sagde konen og gav heksen tolv skilling, gik så hjem, plantede bygkornet, og straks voksede der en dejlig stor blomst op, den så ganske ud, som en tulipan, men bladene lukkede sig tæt sammen, ligesom om den endnu var i knop.

"It's a beautiful flower," said the woman and she kissed its beautiful red and yellow petals, and just as she kissed it, it opened up with a loud pop. It was a real tulip, as it could now be seen, but in the middle of it, on the green stamens, there was sitting a tiny girl, lovely and sweet, who was no higher than one inch, and who, for this reason, was called Thumbelina.

A polished walnut shell served her for a cradle, blue violet petals were her mattresses, and rose petals were her quilt. During the day, she played on the table, where the woman put a plate surrounded by a wreath of flowers whose stalks were in water; a large tulip petal floated there, and Thumbelina could stand on it and row from one side of the plate to the other. It was charming. She could also sing, and her singing was sweet and lovely, as one had never heard before.

One night she was lying in her pretty bed, when an ugly toad came, having jumped in the window. The toad was ugly, big and wet; she hopped onto the table where Thumbelina was lying sleeping under the quilt of leaves of red roses.

"It would be a perfect wife for my son!" said the toad, and she seized the walnut shell where Thumbelina was sleeping, and jumped into the garden with her.

Nearby there was a large and broad brook; but its edges were muddy and marshy. There lived the toad with her son. Ugh! He too was ugly, looking just like his mother; "Croak, croak, croak!" was all he could say when he saw the pretty girl in the walnut shell.

"Do not speak so loudly, or you will awake her!" said the old toad. "She can still flee from us because she is as light as a bit of swan's-down. We will put her on one of the broad water-lily leaves in the brook; small and light as she is, it will be like an island for her; from there, she will not be able to run away, while we will be preparing a beautiful room in the mud, where you will live."

"Det er en nydelig blomst!" sagde konen, og kyssede den på de smukke røde og gule blade, men lige i det hun kyssede, gav blomsten et stort knald, og åbnede sig. Det var en virkelig tulipan, kunne man nu se, men midt inde i blomsten, på den grønne stol, sad der en lille bitte pige, så fin og nydelig, hun var ikke uden en tomme lang, og derfor kaldtes hun Tommelise.

En nydelig lakeret valnødskal fik hun til vugge, blå violblade var hendes madrasser og et rosenblad hendes overdyne; der sov hun om natten, men om dagen legede hun på bordet, hvor konen havde sat en tallerken, som hun havde lagt en hel krans om med blomster, der stak deres stilke ned i vandet; her fløb et stort tulipanblad, og på dette måtte Tommelise sidde og sejle fra den ene side af tallerknen til den anden; hun havde to hvide hestehår at ro med. Det så just dejligt ud. Hun kunne også synge, oh så fint og nydeligt, som man aldrig her havde hørt.

En nat, som hun lå i sin smukke seng, kom der en hæslig skrubtudse hoppende ind af vinduet; der var en rude itu. Skrubtudsen var så styg, stor og våd, den hoppede lige ned på bordet, hvor Tommelise lå og sov under det røde rosenblad.

"Det var en dejlig kone til min søn!" sagde skrubtudsen, og så tog hun fat i valnødskallen, hvor Tommelise sov, og hoppede bort med hende gennem ruden, ned i haven.

Der løb en stor, bred å; men lige ved bredden var det sumpet og mudret; her boede skrubtudsen med sin søn. Uh! han var også styg og fæl, lignede ganske sin moder: "Koaks, koaks, brekke-ke-keks!" Det var alt hvad han kunne sige, da han så den nydelige lille pige i valnødskallen.

"Snak ikke så højt, for ellers vågner hun!" sagde den gamle skrubtudse, "hun kunne endnu løbe fra os, for hun er så let, som et svanedun! Vi vil sætte hende ud i åen på et af de brede åkandeblade, det er for hende, der er så let og lille, ligesom en ø! Der kan hun ikke løbe bort, mens vi gør stadsstuen i stand nede under mudderet, hvor I skal bo og bygge!"

In the brook, there grew a lot of water lilies with wide green leaves that looked as if they were floating on the surface of the water; the farthest leaf was also the largest of all. There, the old toad swam and placed onto it the walnut shell with Thumbelina.

The poor little thing woke up very early in the morning, and when she saw where she was, she began to cry bitterly, because there was water on every side of the large green leaf and she could not get to the shore.

The old toad sat down in the mud and decorated the room with sedges and yellow water lilies. With her ugly son she swam to the leaf on which Thumbelina was sitting to take her beautiful bed into the room before the bride would go in there herself. The old toad bowed low before her in the water and said,

* * *

Ude i åen voksede der så mange åkander med de brede grønne blade, der ser ud som de flyder oven på vandet; det blad, som var længst ude, var også det allerstørste; dér svømmede den gamle skrubtudse ud og satte valnødskallen med Tommelise.

Den lillebitte stakkel vågnede ganske tidlig om morgnen, og da hun så, hvor hun var, begyndte hun så bitterligt at græde, for der var vand på alle sider af det store grønne blad, hun kunne slet ikke komme i land.

Den gamle skrubtudse sad nede i mudderet og pyntede sin stue op med siv og gule åknapper, der skulle være rigtigt net for den nye svigerdatter, svømmede så med den stygge søn ud til bladet, hvor Tommelise stod, de ville hente hendes pæne seng, den skulle sættes op i brudekamret, før hun selv kom der. Den gamle skrubtudse nejede så dybt i vandet for hende og sagde:

"Here is my son, he will be your husband, and you'll have a beautiful room together in the mud."

"Croak! Croak! Croak!" was all the son could say.

And they took the pretty bed and swam away with it, and Thumbelina remained alone and was weeping on the green leaf because she did not want to stay with the old toad nor have her ugly son for a husband. The little fishes that were swimming in the water saw the toad and also heard what she had said, and thus they stretched their heads above the water because they wanted to see the little girl. As soon as they had seen her, they found her so charming that they felt sorry that she had to go down to the disgusting toad. *No, this should never be!* They all gathered under the water around the stalk that held the leaf on which the tiny girl was, and gnawed away the stalk with their teeth so that the leaf swam down the stream of the brook, carrying Thumbelina far, far away, where the toad could not reach her.

* * *

"Her skal du se min søn, han skal være din mand, og I skal bo så dejligt nede i mudderet!"

"Koaks, koaks! Brekkekekeks!" det var alt, hvad sønnen kunne sige.

Så tog de den nydelige lille seng og svømmede bort med den, men Tommelise sad ganske alene og græd på det grønne blad, for hun ville ikke bo hos den fæle skrubtudse eller have hendes hæslige søn til sin mand. De små fisk, som svømmede nede i vandet, havde nok set skrubtudsen og hørt hvad hun sagde, derfor stak de hovederne op, de ville dog se den lille pige. Så snart de fik hende at se, fandt de hende så nydelig, og det gjorde dem så ondt, at hun skulle ned til den stygge skrubtudse. Nej, det skulle aldrig ske. De flokkede sig nede i vandet rundt om den grønne stilk, der holdt bladet, hun stod på, gnavede med tænderne stilken over, og så flød bladet ned af åen, bort med Tommelise, langt bort, hvor skrubtudsen ikke kunne komme.

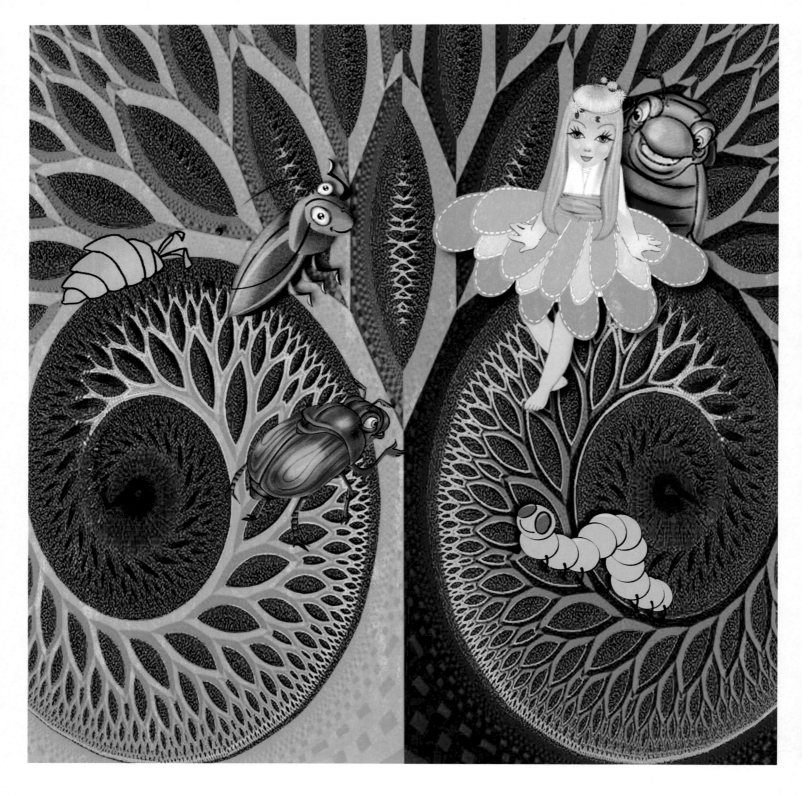

Thumbelina sailed, passing by many places, and the little birds who sat on the shrubs saw her and sang, "What a charming girl!" The leaf was floating away with here farther and farther.

A pretty little white butterfly kept flying around her, and eventually landed on the leaf because Thumbelina pleased him, and she was very happy, because the toad could no longer reach her, and the place along which she was floating was very nice; the sun shone on the water, and it was like shining gold. And she undid her belt, and tied its one end to the butterfly, and fastened the other end to the lead, which now glided much faster.

At that time there came by a large cockchafer. And he saw her, and immediately clasped in his claws her slender figure, carrying her up into a tree, while the green leaf continued gliding down the current, and the butterfly flying with it because he was fastened to the leaf and could not break free.

* * *

Tommelise sejlede forbi så mange stæder, og de små fugle sad i buskene, så hende og sang "hvilken nydelig lille jomfru!" Bladet med hende svømmede længere og længere bort; således rejste Tommelise udenlands.

En nydelig lille hvid sommerfugl blev ved at flyve rundt omkring hende, og satte sig til sidst ned på bladet, for den kunne så godt lide Tommelise, og hun var så fornøjet, for nu kunne skrubtudsen ikke nå hende og der var så dejligt, hvor hun sejlede; solen skinnede på vandet, det var ligesom det dejligste guld. Så tog hun sit livbånd, bandt den ene ende om sommerfuglen, den anden ende af båndet satte hun fast i bladet; det gled da meget hurtigere af sted og hun med, for hun stod jo på bladet.

I det samme kom der en stor oldenborre flyvende, den fik hende at se og i øjeblikket slog den sin klo om hendes smækre liv og fløj op i træet med hende, men det grønne blad svømmede ned af åen og sommerfuglen fløj med, for han var bundet til bladet og kunne ikke komme løs.

God! how Thumbelina was scared when the bug flew up into tree with her. But above all she was worried for the beautiful white butterfly that she had fastened to the leaf. If he could not break free from it, he would die of hunger. The chafer, however, could care less about all that. With her, he placed himself on the largest green leaf of the tree, gave her the pollen of the flowers to eat, and said that she was very lovely, although not at all resembled a chafer. Then all other chafers who lived in the tree came to visit him, and they looked at Thumbelina, and the lady cockchafers lengthened their feelers and said, "She has no more than two legs, she is miserable, and she has no feelers!"

"She's too thin, fi! She resembles a human being! She is ugly!"

And yet the chafer who had taken her was very nice, but because others were saying that she was ugly, he eventually believed it, and did not want her around anymore!

She could go wherever she wanted. He flew off the tree with her, and her placed her on a daisy. There, she wept because she was so ugly that the cockchafers did not want to have her, and yet she was the loveliest little being that one could imagine, as delicate and flawless as the most beautiful rose petal.

Poor Thumbelina lived alone all summer in the great forest. She wove herself a bed out of grass and hung it up under a large burdock leaf so that with she could protect herself from the rain. She gathered the pollen from the flowers and fed herself with it, and she drank the dew which every morning was on the leaves.

Gud, hvor den stakkels Tommelise blev forskrækket, da oldenborren fløj op i træet med hende, men hun var dog allermest bedrøvet for den smukke, hvide sommerfugl, hun havde bundet fast til bladet; dersom han nu ikke kunne komme løs, måtte han jo sulte ihjel. Men det brød oldenborren sig ikke noget om. Den satte sig med hende på det største, grønne blad i træet, gav hende det søde af blomsterne at spise og sagde, at hun var så nydelig, skønt hun slet ikke lignede en oldenborre. Siden kom alle de andre oldenborrer, der boede i træet, og gjorde visit; de så på Tommelise, og frøken-oldenborrerne trak på følehornene og sagde:

"Hun har dog ikke mere end to ben, det ser ynkeligt ud. Hun har ingen følehorn!" sagde den anden.

"Hun er så smækker i livet, fy! hun ser ud ligesom et menneske! hvor hun er styg!" sagde alle hun-oldenborrerne, og så var Tommelise dog så nydelig; det syntes også den oldenborre, som havde taget hende, men da alle de andre sagde, hun var hæslig, så troede han det til sidst også og ville slet ikke have hende; hun kunne gå, hvor hun ville. De fløj ned af træet med hende og satte hende på en gåseurt; der græd hun, fordi hun var så styg, at oldenborrerne ikke ville have hende, og så var hun dog den dejligste, man kunne tænke sig, så fin og klar som det skønneste rosenblad.

Hele sommeren igennem levede den stakkels Tommelise ganske alene i den store skov. Hun flettede sig en seng af græsstrå og hang den under et stort skræppeblad, så kunne det ikke regne på hende; hun pillede det søde af blomsterne og spiste, og drak af duggen, der hver morgen stod på bladene.

Thus summer and autumn passed, and then came the winter, the cold and long winter. All the birds that were singing beautiful songs to her flew away, trees and flowers shed their leaves, the large burdock leaf under which she had lived shrievelled up, and only a faded yellow stalk was left off of it, and it was terribly cold because her clothes were torn, and she herself was so small and so frail, the poor Thumbelina, she nearly froze to death. It began to snow, and every snowflake that fell on her was like a shovelfull of snow thrown on one of us because we are tall and she was only one inch long. Then she wrapped herself in a dry leaf, but it would not keep her warm, and he was shaking from cold.

At the edge of the forest that she reached, stretched a large wheat field, but the wheat had been gone long time ago; only the dry and naked stubble stood on the frozen ground. It was for her like a forest to walk through. Oh! How she was shaking from cold.

* * *

Således gik sommer og efterår, men nu kom vinteren, den kolde, lange vinter. Alle fuglene, der havde sunget så smukt for hende, fløj deres vej, træerne og blomsterne visnede, det store skræppeblad, hun havde boet under, rullede sammen og blev kun en gul, vissen stilk, og hun frøs så forskrækkeligt, for hendes klæder var itu og hun var selv så fin og lille, den stakkels Tommelise, hun måtte fryse ihjel. Det begyndte at sne og hver snefnug, der faldt på hende, var, som når man kaster en hel skuffefuld på os, thi vi er store og hun var kun en tomme lang. Så svøbte hun sig ind i et vissent blad, men det ville ikke varme, hun rystede af kulde.

Tæt uden for skoven, hvor hun nu var kommet, lå en stor kornmark, men kornet var for længe siden borte, kun de nøgne, tørre stubbe stod op af den frosne jord. De var ligesom en hel skov for hende at gå imellem, oh, hun rystede sådan af kulde.

She thus arrived at the door of the field mouse. The mouse had a hole under the stubble. Her home was pretty warm; the whole rooms - the kitchen and the dining room - were full of grain. Poor Thumbelina stood at the door, like a poor beggar.

"Poor little girl," said the mouse because she was really a good old field mice, "Come into my room and have a meal with me!"

Then, since she was pleased with Thumbelina, she said, "You can stay with me at my home this winter, but you will have to keep my room clean and tell me stories because I like them a lot."

And Thumbelina did what the good old mouse would ask her, and everything was quite perfect.

"We will soon have a visitor," said the Field Mouse, "My neighbor has a habit of coming to see me every day of the week."

* * *

Så kom hun til markmusens dør. Den var et lille hul inde under kornstubbene. Der boede markmusen lunt og godt, havde hele stuen fuld af korn, et dejligt køkken og spisekammer. Den stakkels Tommelise stillede sig inden for døren, ligesom en anden fattig tiggerpige og bad om et lille stykke af et bygkorn, for hun havde i to dage ikke fået det mindste at spise.

"Din lille stakkel!" sagde markmusen, for det var i grunden en god gammel markmus, "kom du ind i min varme stue og spis med mig!"

Da hun nu syntes godt om Tommelise, sagde hun: "Du kan gerne blive hos mig i vinter, men du skal holde min stue pæn ren og fortælle mig historier, for dem holder jeg meget af," og Tommelise gjorde, hvad den gode, gamle markmus forlangte og havde det da grumme godt.

"Nu får vi nok snart besøg!" sagde markmusen, "min nabo plejer hver ugesdag at besøge mig."

"He has large rooms and a beautiful black velvety fur. If you could get him for your husband, you will be well provided for. But he cannot see well, and you will have to tell him the best stories that you know."

But Thumbelina did not want to have the neighbor for her husband, for he was a mole. He came to visit them in his black velvety fur. The Field Mouse said he was rich and learned, his apartment was twenty times larger than that of the Mouse, but he could not endure either the Sun or the beautiful flowers. Thumbelina had to sing, and she sang "Cockchafer, fly, fly," and the mole fell in love with her because of her beautiful voice.

He recently dug a long passage in the earth from his home to theirs, and he allowed the Mouse and Thumbelina walk there as long as they would like. But he asked them not to be afraid of the dead bird lying in the corridor.

* * *

"Han sidder bedre endnu inden vægge, end jeg; har store sale og går med sådan en dejlig, sort fløjlspels! Bare du kunne få ham til mand, så var du godt forsørget; men han kan ikke se. Du må fortælle ham de nydeligste historier, du ved!"

Men det brød Tommelise sig ikke om, hun ville slet ikke have naboen, for han var en muldvarp. Han kom og gjorde visit i sin sorte fløjlspels, han var så rig og så lærd, sagde markmusen, hans huslejlighed var også over tyve gange større, end markmusens, og lærdom havde han, men solen og de smukke blomster kunne han slet ikke lide, dem snakkede han ondt om, for han havde aldrig set dem. Tommelise måtte synge og hun sang både "Oldenborre flyv, flyv!" og "Munken går i enge," så blev muldvarpen forlibt i hende, for den smukke stemmes skyld, men han sagde ikke noget, han var sådan en sindig mand.

Han havde nylig gravet sig en lang gang gennem jorden fra sit til deres hus, i den fik markmusen og Tommelise lov til at spadsere, når de ville. Men han bad dem ikke blive bange for den døde fugl, som lå i gangen.

The Mole went first and lightened them through the long dark passage. When they arrived where the dead bird lay, the Mole thrust up his broad nose against the ceiling and pushed the earth, so that a great hole was made, through which the daylight could shine down. On the ground lay the dead swallow. The poor bird must have died of cold. The mole kicked the swallow with his short his legs, and said, "Now he doesn't pipe anymore! It must be miserable to be born a little bird. Thank God none of my children will be like that: such bird has nothing but his "tweet-tweet," and has to die of hunger in winter!"

Thumbelina said nothing, but when the other two had turned their backs on the bird, she bent down, and the kissed on her closed eyes.

"It must be the one that sang so beautifully to me in Summer," she said, "How much joy he gave me, the beautiful bird!" Then the Mole accompanied the ladies to their home.

* * *

Muldvarpen tog et stykke trøske i munden, for det skinner jo ligesom ild i mørke, og gik så foran og lyste for dem i den lange, mørke gang; da de så kom, hvor den døde fugl lå, satte muldvarpen sin brede næse mod loftet og stødte jorden op, så der blev et stort hul, som lyset kunne skinne ned igennem. Midt på gulvet lå en død svale, med de smukke vinger trykkede fast ind om siderne, benene og hovedet trukket ind under fjerene; den stakkels fugl var bestemt død af kulde. Det gjorde Tommelise så ondt for den, hun holdt så meget af alle de små fugle, de havde jo hele sommeren sunget og kvidret så smukt for hende, men muldvarpen stødte til den med sine korte ben og sagde: "Nu piber den ikke mere! Det må være ynkeligt at blive født til en lille fugl! Gud ske lov, at ingen af mine børn bliver det; sådan en fugl har jo ingen ting uden sit kvivit og må sulte ihjel til vinteren!"

"Ja, det må I, som en fornuftig mand, nok sige," sagde markmusen. "Hvad har fuglen for al sit kvivit, når vinteren kommer? Den må sulte og fryse; men det skal vel også være så stort!"

Tommelise sagde ikke noget, men da de to andre vendte ryggen til fuglen, bøjede hun sig ned, skød fjedrene til side, der lå over dens hoved, og kyssede den på de lukkede øjne. "Måske var det den, som sang så smukt for mig i sommer," tænkte hun, "hvor den skaffede mig megen glæde, den kære, smukke fugl!"

Muldvarpen stoppede nu hullet til, som dagen skinnede igennem, og fulgte så damerne hjem.

That night, Thumbelina was unable to sleep; she got up from her bed and wove a beautiful blanket of hay which she carried to spread over the dead bird, so that he could be warm in the cold ground.

"Farewell, you pretty little bird," she said. And she laid her head on the bird's chest, but immediately was greatly startled, because she felt something was beating inside the bird. That was the bird's heart. The bird was not dead, he was only torpid with cold, and now he was warmed up and came to life again.

In the fall all the swallows fly away to warm countries, but those who are running late become so cold that they fall down as if dead.

Thumbelina was all trembling, so startled she was, because the bird was very large compared to her; but she took courage, and brought a leaf of mint, she had herself, and covered the bird's head with it.

The next night too she crept out to him, and now he was alive, but very weak.

"Thank you, you pretty child," said the sick Swallow, "I was pleasantly warmed up; Soon I will get my strength back again and will fly about in the warm sun rays!"

She brought water in a flower petal to the swallow, and the Swallow drank and told her how he had torn one of his wings in a thorn bush. Then he could not fly anymore, and ended up falling to the ground; he could not recall more, and did not know how he had gotten there. The whole Winter the Swallow remained there, and Thumbelina nursed and tended for him. Neither the Mole nor the Field Mouse had any clue about this for they did not feel sorry for the poor unfortunate swallow.

As soon as the spring came and the sun warmed the Earth, the swallow bade Thumbelina farewell, and she opened the hole which the Mole had previously made. The sun shone in upon them gloriously, and the Swallow asked Thumbelina if she wanted to come with him for she could sit upon his back, and they could fly away together into the green. But Thumbelina knew that the Field Mouse would be grieved if she left her.

Men om natten kunne Tommelise slet ikke sove, så stod hun op af sin seng og flettede af hø et stort smukt tæppe, og det bar hun ned og bredte rundt om den døde fugl, lagde blød bomuld, hun havde fundet i markmusens stue, på siderne af fuglen, for at den kunne ligge varmt i den kolde jord.

"Farvel du smukke lille fugl!" sagde hun, "farvel og tak for din dejlige sang i sommer, da alle træerne var grønne og solen skinnede så varmt på os!" Så lagde hun sit hoved op til fuglens bryst, men blev i det samme ganske forskrækket, thi det var ligesom noget bankede der indenfor. Det var fuglens hjerte. Fuglen var ikke død, den lå i dvale, og var nu blevet opvarmet og fik liv igen.

Om efteråret så flyver alle svalerne bort til de varme lande, men er der én der forsinker sig, så fryser den således, at den falder ganske død ned, bliver liggende, hvor den falder, og den kolde sne lægger sig ovenover.

Tommelise rystede ordentligt, så forskrækket var hun blevet, for fuglen var jo en stor, stor én imod hende, der kun var en tomme lang, men hun tog dog mod til sig, lagde bomulden tættere om den stakkels svale, og hentede et krusemynteblad, hun selv havde haft til overdyne, og lagde det over fuglens hoved.

Næste nat listede hun sig igen ned til den, og da var den ganske levende, men så mat, den kunne kun et lille øjeblik lukke sine øjne op og se Tommelise, der stod med et stykke trøske i hånden, for anden lygte havde hun ikke.

"Tak skal du have, du nydelige lille barn!" sagde den syge svale til hende, "jeg er blevet så dejlig opvarmet! Snart får jeg mine kræfter og kan flyve igen, ude i det varme solskin!"

"Oh!" sagde hun, "det er så koldt udenfor, det sner og fryser! Bliv du i din varme seng, jeg skal nok pleje dig!"

Hun bragte da svalen vand i et blomsterblad, og den drak og fortalte hende, hvorledes den havde revet sin ene vinge på en tornebusk og kunne derfor ikke flyve så stærkt, som de andre svaler, som da fløj bort, langt bort til de varme lande. Den var da til sidst faldet ned på jorden, men mere kunne den ikke huske, og vidste slet ikke, hvorledes den var kommet her.

Hele vinteren blev den nu hernede og Tommelise var god imod den og holdt så meget af den; hverken muldvarpen eller markmusen fik det mindste at vide derom, for de kunne jo ikke lide den stakkels fattige svale.

Så snart foråret kom og solen varmede ind i jorden, sagde svalen farvel til Tommelise, der åbnede hullet, som muldvarpen havde gjort ovenover. Solen skinnede så dejligt ind til dem, og svalen spurgte, om hun ikke ville følge med, hun kunne sidde på dens ryg, de ville flyve langt ud i den grønne skov. Men Tommelise vidste, det ville bedrøve den gamle markmus, om hun således forlod hende.

"No, I cannot!" said Thumbelina.

"Farewell, farewell, you good, pretty girl!" said the Swallow; and he flew out into the sunshine. Thumbelina looked after him, and the tears came into her eyes, for she was so fond of the poor Swallow.

"Tweet-weet! tweet-weet!" sang the bird, and flew intp the green forest. Thumbelina felt very sad. She did not get permission to go out into the warm sunshine. The corn which was sown in the field over the house of the Field Mouse grew up high into the air; it was quite a thick wood for the poor girl, who was only an inch in height.

"Now you must work at your outfit this summer," said the Field Mouse to her; for her neighbor, the tiresome Mole with the velvet coat, had proposed to her. "You shall have woollen and linen clothes both; you will lack nothing when you have become the Mole's wife."

* * *

"Nej, jeg kan ikke!" sagde Tommelise. "Farvel, farvel! du gode, nydelige pige!" sagde svalen og fløj ud i solskinnet. Tommelise så efter den, og vandet kom i hendes øjne, for hun holdt så meget af den stakkels svale.

"Kvivit! Kvivit!" sang fuglen og fløj ind i den grønne skov.

Tommelise var så bedrøvet. Hun fik slet ikke lov at komme ud i det varme solskin; kornet, der var sået på ageren, hen over markmusens hus, voksede også højt op i vejret, det var en hel tyk skov for den stakkels lille pige, som jo kun var en tomme lang.

"Nu skal du i sommer sy på dit udstyr!" sagde markmusen til hende, for nu havde naboen, den kedelige muldvarp i den sorte fløjlspels, friet til hende. "Du skal have både uldent og linned! Du skal have at sidde og ligge på, når du bliver muldvarpens kone!"

Thumbelina had to turn the spindle, and the Mole hired four spiders to spin and weave for her day and night. Every evening the Mole paid her a visit; and he was always saying that when the summer should draw to a close, the sun would not shine nearly so hot, for that now it burned the earth almost as hard as a stone. Yes, when the summer should have gone, then he would keep his wedding day with Thumbelina. But she was not glad at all, for she did not like the tiresome Mole. Every morning when the sun rose, and every evening when it went down, she crept out at the door; and when the wind blew the corn ears apart, so that she could see the blue sky, she thought how bright and beautiful it was out here, and wished so much to see her dear Swallow again. But the Swallow did not come back; he had doubtless flown far away, in the fair green forest. When autumn came on, Thumbelina had all her outfit ready.

"In four weeks you shall celebrate your wedding," said the Field Mouse to her. But Thumbelina wept, and declared she would not have the tiresome Mole.

* * *

Tommelise måtte spinde på håndtén, og markmusen lejede fire edderkopper til at spinde og væve nat og dag. Hver aften gjorde muldvarpen visit og snakkede da altid om, at når sommeren fik ende, så skinnede solen ikke nær så varmt, den brændte jo nu jorden fast, som en sten; ja når sommeren var ude, så skulle brylluppet stå med Tommelise; men hun var slet ikke fornøjet, for hun holdt ikke noget af den kedelige muldvarp. Hver morgen, når solen stod op, og hver aften, når den gik ned, listede hun sig ud i døren og når så vinden skilte toppene af kornet ad, så at hun kunne se den blå himmel, tænkte hun på, hvor lyst og smukt der var herude, og ønskede så meget, at hun igen måtte få den kære svale at se; men den kom aldrig mere, den fløj vist langt borte i den smukke grønne skov.

Da det nu blev efterår, havde Tommelise hele sit udstyr færdigt.

"Om fire uger skal du have bryllup!" sagde markmusen til hende. Men Tommelise græd og sagde, hun ville ikke have den kedelige muldvarp.

"Nonsense," said the Field Mouse, "Don't be obstinate, or I will bite you with my white teeth. He is a very fine man whom you will marry. The queen herself has not such a black velvet fur; and his kitchen and cellar are full. Be thankful for your good fortune."

Now the wedding was to be held. The Mole had already come to fetch Thumbelina; she was to live with him, deep under the earth, and never to come out into the warm sunshine, for that he did not like. The poor little thing was very sorrowful; she was now to say farewell to the glorious sun, which, after all, she had been allowed by the Field Mouse to see from the threshold of the door.

"Farewell, thou bright sun!" she said, and stretched out her arms towards it, and walked a little way forth from the house of the Field Mouse, for now the corn had been reaped, and only the dry stubble stood in the fields. "Farewell!" she repeated, and threw her little arms round a little red flower which still bloomed there.

"Greet the dear Swallow from me, if you see her again."

* * *

"Snik snak!" sagde markmusen, "gør dig ikke obsternasig, for ellers skal jeg bide dig med min hvide tand! Det er jo en dejlig mand, du får! Hans sorte fløjlspels har dronningen selv ikke mage til! Han har både i køkken og kælder. Tak du Gud for ham!"

Så skulle de have bryllup. Muldvarpen var allerede kommet for at hente Tommelise; hun skulle bo med ham, dybt nede under jorden, aldrig komme ud i den varme sol, for den kunne han ikke lide. Det stakkels barn var så bedrøvet, hun skulle nu sige den smukke sol farvel, som hun dog hos markmusen havde fået lov at se på i døren.

"Farvel, du klare sol!" sagde hun og rakte armene højt op i vejret, gik også en lille smule uden for markmusens hus; thi nu var kornet høstet, og her stod kun de tørre stubbe. "Farvel, farvel!" sagde hun og slog sine små arme om en lille rød blomst, der stod. "Hils den lille svale fra mig, dersom du får den at se!"

"Tweet-weet! tweet-weet!" a voice suddenly sounded over her head. She looked up; it was the Swallow, who was just flying by. When he saw Thumbelina he was very glad; and Thumbelina told him how loth she was to have the ugly Mole for her husband, and that she was to live deep under the earth, where the sun never shone. And she could not refrain from weeping.

"The cold winter is coming now," said the Swallow, "I am going to fly far away into the warm countries. Will you come with me? You can sit upon my back, only tie yourself fast with your sash, then we shall fly from the ugly Mole and his dark room—away, far away, over the mountains, to the warm countries, where the sun shines more beautifully than here, where it is always summer, and there are lovely flowers. Only fly with me, you dear little Thumbelina, you who saved my life when I lay frozen in the dark earthy passage."

"Yes, I will go with you!" said Thumbelina, and she seated herself on the bird's back, with her feet on his outspread wings, and bound her girdle fast to one of his strongest feathers; then the Swallow flew up into the air over forest and over sea, high up over the great mountains, where the snow always lies; and Thumbelina felt cold in the bleak air, but then she crept under the bird's warm feathers, and only put out her little head to admire all the beauties beneath her.

At last they came to the warm countries. There the sun shone far brighter than here; the sky seemed twice as high; in ditches and on the hedges grew the most beautiful blue and green grapes; lemons and oranges hung in the woods; the air was fragrant with myrtles and balsams, and on the roads the loveliest children ran about, playing with the gay butterflies. But the Swallow flew still farther, and it became more and more beautiful. Under the most glorious green trees by the blue lake stood a palace of dazzling white marble, from the olden time. Vines clustered around the lofty pillars; at the top were many swallows' nests, and in one of these the Swallow lived who carried Thumbelina.

"Here is my house," said the Swallow. "But if you will select for yourself one of the splendid flowers which grow down yonder, then I will put you into it, and you shall have everything as nice as you can wish."

"That is capital," cried she, and clapped her little hands.

A great marble pillar lay there, which had fallen to the ground and had been broken into three pieces; but between these pieces grew the most beautiful great white flowers. The Swallow flew down with Thumbelina, and set her upon one of the broad leaves. But how great was the little maid's surprise! There sat a little man in the midst of the flower, as white and transparent as if he had been made of glass; he wore the daintiest of gold crowns on his head, and the brightest wings on his shoulders; he himself was not bigger than Thumbelina. He was the angel of the flower. In each of the flowers dwelt such a little man or woman, but this one was king over them all.

"Kvivit, kvivit!" sagde det i det samme over hendes hoved; hun så op, det var den lille svale, der just kom forbi. Så snart den så Tommelise, blev den så fornøjet; hun fortalte den, hvor nødig hun ville have den stygge muldvarp til mand, og at hun så skulle bo dybt under jorden, hvor aldrig solen skinnede. Hun kunne ikke lade være at græde derved.

"Nu kommer den kolde vinter," sagde den lille svale, "jeg flyver langt bort til de varme lande, vil du følge med mig? Du kan sidde på min ryg! Bind dig kun fast med dit livbånd, så flyver vi bort fra den stygge muldvarp og hans mørke stue, langt bort over bjergene til de varme lande, hvor solen skinner smukkere end her, hvor der altid er sommer og dejlige blomster. Flyv kun med mig, du søde lille Tommelise, som har reddet mit liv, da jeg lå forfrossen i den mørke jordkælder!"

"Ja, jeg vil følge med dig!" sagde Tommelise, og satte sig op på fuglens ryg, med fødderne på dens udbredte vinge, bandt sit bælte fast i en af de stærkeste fjer og så fløj svalen højt op i luften, over skov og over sø, højt op over de store bjerge, hvor der altid ligger sne, og Tommelise frøs i den kolde luft, men så krøb hun ind under fuglens varme fjer og stak kun det lille hoved frem for at se al den dejlighed under sig.

Så kom de til de varme lande. Dér skinnede solen meget klarere end her, himlen var to gange så høj og på grøfter og gærder voksede de dejligste grønne og blå vindruer. I skovene hang citroner og appelsiner, her duftede af myrter og krusemynter, og på landevejen løb de nydeligste børn og legede med store brogede sommerfugle. Men svalen fløj endnu længere bort, og det blev smukkere og smukkere. Under de dejligste grønne træer ved den blå sø, stod et skinnende hvidt marmorslot, fra de gamle tider, vinrankerne snoede sig op om de høje piller; der øverst oppe var mange svalereder, og i en af disse boede svalen, som bar Tommelise.

"Her er mit hus!" sagde svalen; "men vil du nu selv søge dig en af de prægtige blomster ud, som gror dernede, så skal jeg sætte dig der og du skal få det så nydeligt, du vil ønske det!"

"Det var dejligt!" sagde hun, og klappede med de små hænder.

Der lå en stor hvid marmorsøjle, som var faldet om på jorden og knækket i tre stykker, men mellem disse voksede de smukkeste store hvide blomster. Svalen fløj ned med Tommelise og satte hende på et af de brede blade; men hvor forundret blev hun ikke! der sad en lille mand midt i blomsten, så hvid og gennemsigtig, som han var af glas; den nydeligste guldkrone havde han på hovedet og de dejligste klare vinger på skuldrene, selv var han ikke større end Tommelise. Han var blomstens engel. I hver blomst boede der sådan en lille mand eller kone, men denne var konge over dem alle sammen.

"Heavens! how beautiful he is!" whispered Thumbelina to the Swallow.

The little prince was very much frightened at the Swallow; for it was quite a gigantic bird to him, who was so small. But when he saw Thumbelina, he became very glad; she was the prettiest maiden he had ever seen. Therefore he took off his golden crown, and put it upon her, asked her name, and if she would be his wife, and then she should be queen of all the flowers. Now this was truly a different kind of man to the son of the Toad, and the Mole with the black velvet fur. She therefore said "Yes" to the charming prince. And out of every flower came a lady or a lord, so pretty to behold that it was a delight: each one brought Thumbelina a present; but the best gift was a pair of beautiful wings which had belonged to a great white fly; these were fastened to Thumbelina's back, and now she could fly from flower to flower. Then there was much rejoicing; and the Swallow sat above them in her nest, and sung for them as well as she could; but yet in her heart she was sad, for she was so fond of Thumbelina, and would have liked never to part from her.

"You shall not be called Thumbelina!" said the Flower Angel to her. "That is an ugly name, and you are too fair for it—we will call you Maia."

"Farewell, farewell!" said the Swallow, and she flew away again from the warm countries, far away back to Denmark. There she had a little nest over the window of the man who can tell fairy tales. To him she sang "Tweet-weet! tweet-weet!" and from him we have the whole story.

* * *

"Gud, hvor han er smuk!" hviskede Tommelise til svalen. Den lille prins blev så for-skrækket for svalen, thi den var jo en hel kæmpefugl imod ham, der var så lille og fin, men da han så Tommelise, blev han så glad, hun var den allersmukkeste pige, han endnu havde set. Derfor tog han sin guldkrone af sit hoved og satte på hendes, spurgte, hvad hun hed og om hun ville være hans kone, så skulle hun blive dronning over alle blomsterne! Ja det var rigtignok en mand, anderledes, end skrubtudsens søn og muldvarpen med den sorte fløjlspels. Hun sagde derfor ja til den dejlige prins og fra hver blomst kom en dame eller herre, så nydelig, det var en lyst, hver bragte Tommelise en present, men den bedste af alle var et par smukke vinger af en stor hvid flue; de blev hæftet på Tommelises ryg og så kunne hun også flyve fra blomst til blomst; der var sådan en glæde og den lille svale sad oppe i sin rede og sang for dem, så godt den kunne, men i hjertet var den dog bedrøvet, for den holdt så meget af Tommelise og ville aldrig have været skilt fra hende.

"Du skal ikke hedde Tommelise!" sagde blomstens engel til hende, "det er et stygt navn, og du er så smuk. Vi vil kalde dig Maja!"

"Farvel! farvel!" sagde den lille svale, og fløj igen bort fra de varme lande, langt bort tilbage til Danmark; der havde den en lille rede over vinduet, hvor manden bor, som kan fortælle eventyr, for ham sang den "kvivit, kvivit!" derfra har vi hele historien.

33

The Little Mermaid

Far out at sea the water is as blue as the petals of the most beautiful cornflower, and as clear as the purest crystal, but it is very deep—deeper than any cable can reach. Many church towers would have to be placed one on the top ot another to reach from the bottom to the surface of the sea. Down there live the mermen and the mermaids.

Now you must not think that there is only the bare, white sandy bottom down there. No, the most wonderful trees and plants grow there, the stalks and leaves of which are so pliable that the least movement of the water sets them in motion, just as if they were alive. All the fishes, big and small, glide in and out among the branches, just as the birds do up above in the air. In the deepest place of all lies the palace of the Sea King, the walls of which are of corals and the long, pointed windows of clearest amber, but the roof is made of mussel shells, which open and shut with the motion of the water. It is a lovely sight, for in each shell lie pearls, a single one of which would be a great gem in a queen's crown.

The Sea King had been a widower for many years, but his old mother kept house for him. She was a wise woman, but very proud of her noble rank, and therefore she used to wear twelve oysters on her tail, while other grand folks were allowed to wear only six.

In other respects she deserved great praise, especially because she was so very fond of the sea princesses, her granddaughters. They were six beautiful children, but the youngest was the most beautiful of them all. Her skin was as clear and as delicate as a rose-petal, and her eyes as blue as the deepest sea, but, like all the others, she had no feet. Her body ended in a fish's tail.

All day long they played in the large halls of the palace, where living flowers grew out of the walls. The large amber windows were opened, and the fishes then swam into them, just as the swallows fly in to us when we open the windows; but the fishes swam right up to the little princesses, ate from their hands, and let themselves be stroked.

Outside the palace was a large garden with fiery-red and dark-blue trees; the fruits beamed like gold and the flowers like burning flames, because they continually moved their stalks and leaves to and fro. The ground itself was of the finest sand, but as blue as sulphur flames. A strange blue light shone upon everything down there. It was easier to believe that one was high up in the air, with only the blue sky above and beneath one, than that one was at the bottom of the sea.

In calm weather one could see the sun, which looked like a purple flower from the cup of which all the light streamed forth.

Den lille havfrue

Langt ude i havet er vandet så blåt, som bladene på den dejligste kornblomst og så klart, som det reneste glas, men det er meget dybt, dybere end noget ankertov når, mange kirketårne måtte stilles oven på hinanden, for at række fra bunden op over vandet. Dernede bor havfolkene.

Nu må man slet ikke tro, at der kun er den nøgne hvide sandbund; nej, der vokser de forunderligste træer og planter, som er så smidige i stilk og blade, at de ved den mindste bevægelse af vandet rører sig, ligesom om de var levende. Alle fiskene, små og store, smutter imellem grenene, ligesom heroppe fuglene i luften. På det allerdybeste sted ligger havkongens slot, murene er af koraller og de lange spidse vinduer af det allerklareste rav, men taget er muslingeskaller, der åbner og lukker sig, eftersom vandet går; det ser dejligt ud; thi i hver ligger strålende perler, én eneste ville være stor stads i en dronnings krone.

Havkongen dernede havde i mange år været enkemand, men hans gamle moder holdt hus for ham, hun var en klog kone, men stolt af sin adel, derfor gik hun med tolv østers på halen, de andre fornemme måtte kun bære seks.

Ellers fortjente hun megen ros, især fordi hun holdt så meget af de små havprinsesser, hendes sønnedøtre. De var 6 dejlige børn, men den yngste var den smukkeste af dem alle sammen, hendes hud var så klar og skær som et rosenblad, hendes øjne så blå, som den dybeste sø, men ligesom alle de andre havde hun ingen fødder, kroppen endte i en fiskehale.

Hele den lange dag kunne de lege nede i slottet, i de store sale, hvor levende blomster voksede ud af væggene. De store ravvinduer blev lukket op, og så svømmede fiskene ind til dem, ligesom hos os svalerne flyver ind, når vi lukker op, men fiskene svømmede lige hen til de små prinsesser, spiste af deres hånd og lod sig klappe.

Uden for slottet var en stor have med ildrøde og mørkeblå træer, frugterne strålede som guld, og blomsterne som en brændende ild, i det de altid bevægede stilk og blade. Jorden selv var det fineste sand, men blåt, som svovllue. Over det hele dernede lå et forunderligt blåt skær, man skulle snarere tro, at man stod højt oppe i luften og kun så himmel over og under sig, end at man var på havets bund.

I blikstille kunne man øjne solen, den syntes en purpurblomst, fra hvis bæger det hele lys udstrømmede.

Each of the young princesses had her own little plot in the garden, where she might dig and plant as she pleased. One gave her flower-bed the shape of a whale, another preferred hers to resemble a little mermaid; but the youngest made hers quite round like the sun, and grew only flowers that gleamed red like the sun itself.

She was a strange child, quiet and thoughtful; and when her other sisters decked themselves out with the most wonderful things which they obtained from wrecked ships, she cared only for her flowers, which were like the sun up yonder, and for a beautiful marble statue, a beautiful boy hewed out of pure white stone, which had sunk to the bottom of the sea from a wreck. She planted close by the statue a rose-colored weeping willow, which grew luxuriantly, and hung its fresh branches right over it down to the blue, sandy ground. Its shadow was violet and moved to and fro like its branches. It looked as if the top and the roots played at kissing one another.

Nothing gave her greater joy than to hear about the world above and its people.

* * *

Hver af de små prinsesser havde sin lille plet i haven, hvor hun kunne grave og plante, som hun selv ville; én gav sin blomsterplet skikkelse af en hvalfisk, en anden syntes bedre om, at hendes lignede en lille havfrue, men den yngste gjorde sin ganske rund ligesom solen, og havde kun blomster, der skinnede røde som den. Hun var et underligt barn, stille og eftertænksom, og når de andre søstre pyntede op med de forunderligste ting de havde fået fra strandede skibe, ville hun kun, foruden de rosenrøde blomster, som lignede solen der højt oppe, have en smuk marmorstøtte, en dejlig dreng var det, hugget ud af den hvide, klare sten og ved stranding kommet ned på havbunden. Hun plantede ved støtten en rosenrød grædepil, den voksede herligt, og hang med sine friske grene ud over den, ned mod den blå sandbund, hvor skyggen viste sig violet og var i bevægelse, ligesom grenene; det så ud, som om top og rødder legede at kysse hinanden.

Ingen glæde var hende større, end at høre om menneskeverdenen der ovenfor.

Her old grandmother had to tell her all she knew about ships and towns, about human beings and animals. What seemed to her particularly strange and beautiful was that up on the earth the flowers gave out a fragrance which they did not do at the bottom of the sea, and that the woods were green, and the fish, which were to be seen there among the branches, could sing so loudly and beautifully that it did one's heart good to hear them. It was the little birds that her grandmother used to call fishes, for otherwise the mermaids would not have understood her, as they had never seen a bird.

"When you are fifteen years old," said her grandmother, "you will be allowed to rise to the surface of the sea and sit on the rocks in the moonlight and look at the big ships which sail past; and forests and towns you shall also see."

The following year one of the sisters would be fifteen, but the others—well, each of them was a year younger than the other, so the youngest would have to wait five long years before she could venture up from the bottom of the sea and have a look at the world above. But they promisedto tell one another what they had seen on the first day and found to be most beautiful; for their grandmother had not told them enough, there was so much they wanted to know more about.

No one longed more that her time should come than the youngest, who had the longest time to wait, and who was so quiet and thoughtful. Many a night did she stand at the open window, looking up through the dark-blue water, where the fishes were beating about with their tails and fins. She could see the moon and the stars shining, although somewhat indistinctly, but through the water they appeared much larger than to our eves.

If something like a black cloud passed between her and the moon, she knew it was either a whale swimming above her, or a ship sailing past with many people on board; they could have no idea that a lovely little mermaid was standing below them, stretching her white hands up toward the keel of their ship.

The eldest princess was now fifteen years of age, and might venture up to the surface of the water. When she came back, she had hundreds of things to tell; but the loveliest of all, she said, was to lie in the moonlight on a sand-bank when the sea was calm, and see the big city close to the coast, where the lights were twinkling like hundreds of stars, to hear the music and the noise and rattle of the carriages and people, to see the many church towers and steeples, and hear the bells ringing. Just because she could not get there, she longed most of all for this.

Den gamle bedstemoder måtte fortælle alt det hun vidste om skibe og byer, mennesker og dyr, især syntes det hende forunderligt dejligt, at oppe på jorden duftede blomsterne, det gjorde ikke de på havets bund, og at skovene var grønne og de fisk, som der sås mellem grenene, kunne synge så højt og dejligt, så det var en lyst; det var de små fugle, som bedstemoderen kaldte fisk, for ellers kunne de ikke forstå hende, da de ikke havde set en fugl.

"Når I fylder eders 15 år," sagde bedstemoderen, "så skal I få lov til at dykke op af havet, sidde i måneskin på klipperne og se de store skibe, som sejler forbi, skove og byer skal I se!" I året, som kom, var den ene af søstrene 15 år, men de andre, ja den ene var et år yngre end den anden, den yngste af dem havde altså endnu hele fem år før hun turde komme op fra havets bund og se, hvorledes det så ud hos os. Men den ene lovede den anden at fortælle, hvad hun havde set og fundet dejligst den første dag; thi deres bedstemoder fortalte dem ikke nok, der var så meget de måtte have besked om.

Ingen var så længselsfuld, som den yngste, just hun, som havde længst tid at vente og som var så stille og tankefuld. Mangen nat stod hun ved det åbne vindue og så op igennem det mørkeblå vand, hvor fiskene slog med deres finner og hale. Måne og stjerner kunne hun se, rigtignok skinnede de ganske blege, men gennem vandet så de meget større ud end for vore øjne; gled der da ligesom en sort sky hen under dem, da vidste hun, at det enten var en hvalfisk, som svømmede over hende, eller også et skib med mange mennesker; de tænkte vist ikke på, at en dejlig lille havfrue stod nedenfor og rakte sine hvide hænder op imod kølen.

Nu var da den ældste prinsesse 15 år og turde stige op over havfladen.

Da hun kom tilbage, havde hun hundrede ting at fortælle, men det dejligste, sagde hun, var at ligge i måneskin på en sandbanke i den rolige sø, og se tæt ved kysten den store stad, hvor lysene blinkede, ligesom hundrede stjerner, høre musikken og den larm og støj af vogne og mennesker, se de mange kirketårne og spir, og høre hvor klokkerne ringede; just fordi hun ikke kunne komme derop, længtes hun allermest efter alt dette.

Oh, how the youngest sister listened to every word! And when, later on in the evening, she stood by the open window and looked up through the dark-blue water, she thought of the large city with all its noise and bustle, and then she thought she could hear the church bells ringing down where she was.

The year after the second sister was allowed to go to the surface and to swim about where she pleased. She emerged above the water just as the sun was setting, and this sight she found to be the loveliest of all.

The whole of the heavens looked like gold, she said; and the clouds—well—she could not sufficiently describe their glory! Red and purple, they had sailed past above her head, but much more rapidly than the clouds flew a flock of wild swans, like a long white veil, over the water toward where the sun stood; she swam toward it, but it sank below the horizon, and the rosy hue on the water and the clouds vanished.

The year after the third sister came up to the surface; she was the boldest of them all, and swam up a broad river which ran into the sea. She saw beautiful green hills, covered with vines; palaces and houses peeped out between the mighty trees of the forests, and she heard how all the birds were singing. The sun shone so warm that she often had to dive under the water to cool her burning face. In a little bay she came across a whole flock of children, who ran and splashed about, quite naked, in the water; she wanted to play with them, but they ran away in great fright, when a little black animal—it was a dog, but she had never seen one before—began barking so terribly at her that she became frightened and made her way back to the open seas. But she could never forget the mighty forests, the green hills, and the beautiful children who could swim about in the water, although they had no fish's tail.

The fourth sister was not so daring; she remained far out at sea among the wild waves; and there, she said, was certainly the loveliest place one could see for many miles around, and above rose the heavens liks a big glass bell. She had seen ships, but they were far away and looked like sea-gulls; the lively dolphins had made somersaults, and the great whales had spouted water from their nostrils till it seemed as if there were a hundred fountains all around.

Now came the fifth sister's turn; her birthday was in the winter, and therefore she saw what the others had not seen the first time.

The sea looked quite green, and great icebergs were floating about, each looking like a pearl, she said, and yet they were much larger than the church towers built by men.

Oh! hvor hørte ikke den yngste søster efter, og når hun siden om aftnen stod ved det åbne vindue og så op igennem det mørkeblå vand, tænkte hun på den store stad med al den larm og støj, og da syntes hun at kunne høre kirkeklokkerne ringe ned til sig.

Året efter fik den anden søster lov til at stige op gennem vandet og svømme hvorhen hun ville. Hun dykkede op, just i det solen gik ned, og det syn fandt hun var det dejligste. Hele himlen havde set ud som guld, sagde hun, og skyerne, ja, deres dejlighed kunne hun ikke nok beskrive! røde og violette havde de sejlet hen over hende, men langt hurtigere, end de, fløj, som et langt hvidt slør, en flok af vilde svaner hen over vandet hvor solen stod; hun svømmede hen imod den, men den sank og rosenskæret slukkedes på havfladen og skyerne.

Året efter kom den tredje søster derop, hun var den dristigste af dem alle, derfor svømmede hun op ad en bred flod, der løb ud i havet. Dejlige grønne høje med vinranker så hun, slotte og gårde tittede frem mellem prægtige skove; hun hørte, hvor alle fuglene sang og solen skinnede så varmt, at hun tit måtte dykke under vandet, for at køle sit brændende ansigt. I en lille bugt traf hun en hel flok små menneskebørn; ganske nøgne løb de og plaskede i vandet, hun ville lege med dem, men de løb forskrækkede deres vej, og der kom et lille sort dyr, det var en hund, men hun havde aldrig før set en hund, den gøede så forskrækkeligt af hende, at hun blev angst og søgte ud i den åbne sø, men aldrig kunne hun glemme de prægtige skove, de grønne høje og de nydelige børn, som kunne svømme på vandet, skønt de ingen fiskehale havde.

Den fjerde søster var ikke så dristig, hun blev midt ude på det vilde hav, og fortalte, at der var just det dejligste; man så mange mile bort rundt omkring sig, og himlen ovenover stod ligesom en stor glasklokke. Skibe havde hun set, men langt borte, de så ud som strandmåger, de morsomme delfiner havde slået kolbøtter, og de store hvalfisk havde sprøjtet vand op af deres næsebor, så at det havde set ud, som hundrede vandspring rundt om.

Nu kom turen til den femte søster; hendes fødselsdag var just om vinteren og derfor så hun, hvad de andre ikke havde set første gang.

Søen tog sig ganske grøn ud og rundt om svømmede der store isbjerge, hvert så ud som en perle, sagde hun, og var dog langt større end de kirketårne, menneskene byggede.

They were of the most wonderful shapes, and glittered like diamonds. She had settled herself on one of the largest of them, and all the ships with their terror-stricken crews eluded the place where she sat, and let the wind play with her long hair. But toward evening the sky became overcast with clouds; it thundered and lightened, and the dark waves lifted the big ice blocks high up, while they shone brightly at every flash of lightning. All the ships' sails were reefed, the minds of those on board were filled with fear and anxiety; but she sat quietly on her floating iceberg, and saw the blue flashes of forked lightning strike down into the glittering sea.

When the sisters came to the surface of the water the first time, they were always delighted with all the new and beautiful sights they saw; but now, when they, as grown-up girls, were allowed to go up when they liked, they became indifferent and longed to be home again, and after a month had passed they said it was best, after all, down at their place, and, besides, it was much more pleasant at home.

Many an evening the five sisters would take one another by the arm and ascend together to the surface. They had beautiful voices—more beautiful than any human being; and when a storm was gathering, and they expected ships would be wrecked, they swam in front of the ships, and sang so sweetly of the delights to be found at the bottom of the sea, and told the sailors not to be afraid of coming down there. But the sailors could not understand their language: they believed it was the storm. Nor did they ever see the splendors down there; for when the ships went down the men were drowned, and reached the palace of the Sea King only as corpses.

When, in the evenings, the sisters thus rose, arm in arm, high up through the water, the little sister would stand all alone looking after them, feeling as if she could cry; but a mermaid has no tears, and therefore she suffered all the more.

"Oh, if I were only fifteen! she said. "I know I shall love the world up above, and all the people who live and dwell there."

At last she was fifteen years old.

"Well, now you are off our hands," said her grandmother, the old queen-dowager. "Come here, let me deck you like your other sisters." And she put a wreath of white lilies in her hair; every leaf in the flowers was half a pearl. The old lady ordered eight large oysters to hang on to the princess's tail, to show her high rank.

"But it hurts so!" said the little mermaid.

"Well, one has to suffer for appearances," said the old lady.

Oh, how gladly would she not have shaken off all this finery and put aside the heavy wreath! The red flowers in her garden would have suited her much better, but she dared not make any change now.

I de forunderligste skikkelser viste de sig og glimrede som diamanter. Hun havde sat sig på et af de største og alle sejlere krydsede forskrækkede uden om, hvor hun sad og lod blæsten flyve med sit lange hår; men ud på aftnen blev himlen overtrukket med skyer, det lynede og tordnede, medens den sorte sø løftede de store isblokke højt op og lod dem skinne ved de røde lyn. På alle skibe tog man sejlene ind, der var en angst og gru, men hun sad rolig på sit svømmende isbjerg og så den blå lynstråle slå i siksak ned i den skinnende sø.

Den første gang en af søstrene kom over vandet, var enhver altid henrykt over det nye og smukke hun så, men da de nu, som voksne piger, havde lov at stige derop når de ville, blev det dem ligegyldigt, de længtes igen efter hjemmet, og efter en måneds forløb sagde de, at nede hos dem var dog allersmukkest, og der var man så rart hjemme.

Mangen aftenstund tog de fem søstre hinanden i armene og steg i række op over vandet; dejlige stemmer havde de, smukkere, end noget menneske, og når det da trak op til en storm, så de kunne tro, at skibe måtte forlise, svømmede de foran skibene og sang så dejligt, om hvor smukt der var på havets bund, og bad søfolkene, ikke være bange for at komme derned; men disse kunne ikke forstå ordene, de troede, at det var stormen, og de fik heller ikke dejligheden dernede at se, thi når skibet sank, druknede menneskene, og kom kun som døde til havkongens slot.

Når søstrene således om aftnen, arm i arm, steg højt op gennem havet, da stod den lille søster ganske alene tilbage og så efter dem, og det var som om hun skulle græde, men havfruen har ingen tårer, og så lider hun meget mere.

"Ak, var jeg dog 15 år!" sagde hun, "jeg ved, at jeg ret vil komme til at holde af den verden der ovenfor og af menneskene, som bygger og bor deroppe!"

Endelig var hun da de 15 år.

"Se nu har vi dig fra hånden," sagde hendes bedstemoder, den gamle enkedronning. "Kom nu, lad mig pynte dig, ligesom dine andre søstre!" og hun satte hende en krans af hvide liljer på håret, men hvert blad i blomsten var det halve af en perle; og den gamle lod 8 store østers klemme sig fast ved prinsessens hale, for at vise hendes høje stand.

"Det gør så ondt!" sagde den lille havfrue.

"Ja man må lide noget for stadsen!" sagde den gamle.

Oh! hun ville så gerne have rystet hele denne pragt af sig og lagt den tunge krans; hendes røde blomster i haven klædte hende meget bedre, men hun turde nu ikke gøre det om.

"Farewell!" she said, and rose through the water as light and bright as a bubble.

The sun had just set as she lifted her head above the sea, but all the clouds still gleamed like roses and gold, and in the middle of the pale-red sky the evening star shone bright and beautiful. The air was mild and fresh, and the sea calm.

A large ship with three masts was lying close to her, with only one sail set. Not a breath of wind stirred, and the sailors were lying idly about among the rigging and across the yards. There was music and song aboard, and as the evening became darker hundreds of gaily colored lanterns were lighted. It looked as if the flags of all nations were waving in the air. The little mermaid swam right up to the cabin window, and every time the waves lifted her up she could look in through the polished panes and see many finely dressed people standing in the cabin. But the handsomest of all was the young prince with the large black eyes. He could not be more than sixteen years old. It was his birthday which was being celebrated with all these festivities.

The sailors were dancing on deck, and when the young prince stepped out a hundred rockets shot up into the air, making everything look as bright as by daylight, so that the little mermaid became quite frightened and dived under the water. But she soon put her head above the water again, and it then seemed to her as if all the stars of heaven were falling down upon her. Such showers of fire she had never seen before.Large suns whizzed round and round, and gorgeous fiery fishes flew about in the blue air, while everything was reflected in the calm, smooth sea. The ship was so brilliantly lighted up that even the smallest ropes could be seen distinctly, and the people on board still more so. How handsome the young prince was! He pressed the hands of the men and laughed and smiled, while the music rang out in the beautiful night.

It was late, but the little mermaid could not turn her eyes away from the ship and the handsome prince. The brightly colored lanterns were being extinguished, the rockets did not rise any more into the air, nor were any more cannons fired; but below in the sea a rumbling and buzzing sound was heard. The little mermaid sat rocking up and down on the waves so that she could look into the cabin. But the ship was beginning to make greater headway; one sail after another was unfurled, and the billows now rose higher and higher; large clouds were gathering, and far away flashes of lightning were seen. Oh, what terrible weather was coming on!

The sailors had now to take in the sails; the big ship rushed at full speed through the wild seas; the waves rose like big black rocks, as if they would throw over the masts; but the ship dived just like a swan between them, only to be lifted up again on the top of the towering billows.

"Farvel" sagde hun og steg så let og klar, som en boble, op gennem vandet.

Solen var lige gået ned, idet hun løftede sit hoved op over havet, men alle skyerne skinnede endnu som roser og guld, og midt i den blegrøde luft strålede aftenstjernen så klart og dejligt, luften var mild og frisk og havet blikstille.

Der lå et stort skib med tre master, et eneste sejl var kun oppe, thi ikke en vind rørte sig og rundt om i tovværket og på stængerne sad matroser. Der var musik og sang, og alt som aftnen blev mørkere, tændtes hundrede brogede lygter; de så ud, som om alle nationers flag vajede i luften. Den lille havfrue svømmede lige hen til kahytsvinduet, og hver gang vandet løftede hende i vejret, kunne hun se ind af de spejlklare ruder, hvor så mange pyntede mennesker stod, men den smukkeste var dog den unge prins med de store sorte øjne, han var vist ikke meget over 16 år, det var hans fødselsdag, og derfor skete al denne stads.

Matroserne dansede på dækket, og da den unge prins trådte derud, steg over hundrede raketter op i luften, de lyste, som den klare dag, så den lille havfrue blev ganske forskrækket og dukkede ned under vandet, men hun stak snart hovedet igen op, og da var det ligesom om alle himlens stjerner faldt ned til hende. Aldrig havde hun set sådanne ildkunster. Store sole snurrede rundt, prægtige ildfisk svingede sig i den blå luft, og alting skinnede tilbage fra den klare, stille sø. På skibet selv var så lyst, at man kunne se hvert lille tov, sagtens menneskene. Oh hvor dog den unge prins var smuk, og han trykkede folkene i hånden, lo og smilede, mens musikken klang i den dejlige nat.

Det blev silde, men den lille havfrue kunne ikke vende sine øjne bort fra skibet og fra den dejlige prins. De brogede lygter blev slukket, Raketterne steg ikke mere i vejret, der lød heller ingen flere kanonskud, men dybt nede i havet summede og brummede det, hun sad i medens på vandet og gyngede op og ned, så at hun kunne se ind i kahytten; men skibet tog stærkere fart, det ene sejl bredte sig ud efter det andet, nu gik bølgerne stærkere, store skyer trak op, det lynede langt borte. Oh, det ville blive et skrækkeligt vejr! derfor tog matroserne sejlene ind.

Det store skib gyngede i flyvende fart på den vilde sø, vandet rejste sig, ligesom store sorte bjerge, der ville vælte over masten, men skibet dykkede, som en svane, ned imellem de høje bølger og lod sig igen løfte op på de tårnende vande.

The little mermaid thought this was tine sport, but the sailors were of a different opinion. The ship creaked and groaned, the massive planks gave way to the violent shocks of the seas against the ship, the masts snapped in two just like reeds, and the ship rolled to and fro, while the seas penetrated into the hold. The little mermaid now understood that the ship was in danger, and she herself had to beware of the beams and fragments of the ship that were drifting about in the water.

At one moment it was so pitch-dark that she could not see a single object; but the next, when it lightened, she could see so clearly again that she recognized all the people on the ship. All were looking out for themselves as best they could. She looked anxiously for the young prince, and she saw him just as the ship was going down, sinking into the deep sea. She was at first greatly pleased, for now he would come down to her; but then she remembered that human beings cannot live in the water, and that it would only be his dead body that could come down to her father's palace. No, he must not die; and she therefore swam about among the beams and planks that were drifting about in the water, quite forgetting that they might have crushed her to death. She dived down deep under the water, and rose again high up among the waves.

* * *

Det syntes den lille havfrue just var en morsom fart, men det syntes søfolkene ikke, skibet knagede og bragede, de tykke planker bugnede ved de stærke stød, søen gjorde ind mod skibet, Masten knækkede midt over, ligesom den var et rør, og skibet slingrede på siden, mens vandet trængte ind i rummet. Nu så den lille havfrue, at de var i fare, hun måtte selv tage sig i agt for bjælker og stumper af skibet, der drev på vandet.

Ét øjeblik var det så kullende mørkt, at hun ikke kunne øjne det mindste, men når det så lynede, blev det igen så klart, at hun kendte dem alle på skibet; hver tumlede sig det bedste han kunne; den unge prins søgte hun især efter, og hun så ham, da skibet skiltes ad, synke ned i den dybe sø. Lige straks blev hun ganske fornøjet, for nu kom han ned til hende, men så huskede hun, at menneskene ikke kan leve i vandet, og at han ikke, uden som død, kunne komme ned til hendes faders slot. Nej dø, det måtte han ikke; derfor svømmede hun hen mellem bjælker og planker, der drev på søen, glemte rent, at de kunne have knust hende, hun dykkede dybt under vandet og steg igen højt op imellem bølgerne.

She came at last to the young prince, who could hardly swim any longer in the stormy sea. His arms and legs began to fail him, his beautiful eyes closed, and he would have met his death had not the little mermaid come to his assistance. She kept his head above water, and let the waves drift with her and the prince whither they liked.

In the early morning the bad weather was over, and not a splinter was to be seen of the ship. The sun rose red and shining out of the water, and it seemed to bring back life to the prince's cheeks; but his eyes remained closed. The mermaid kissed his high, fair forehead, and stroked back his wet hair. She thought he was like the marble statue down in her garden. She kissed him and wished that he might live.

She now saw in front of her the mainland, with lofty blue mountains,, on the top of which the white snow looked as bright as if large flocks of swans had settled there. Down by the shore were beautiful green forests, in front of which lay a church or a convent, she did not know which, only that it was a building.

* * *

Og kom så til sidst hen til den unge prins, som næsten ikke kunne svømme længere i den stormende sø, hans arme og ben begyndte at blive matte, de smukke øjne lukkede sig, han havde måttet dø, var ikke den lille havfrue kommet til. Hun holdt hans hoved op over vandet, og lod så bølgerne drive hende med ham, hvorhen de ville.

I morgenstunden var det onde vejr forbi; af skibet var ikke en spån at se, solen steg så rød og skinnende op af vandet, det var ligesom om prinsens kinder fik liv derved, men øjnene forblev lukkede; havfruen kyssede hans høje smukke pande og strøg hans våde hår tilbage; hun syntes, han lignede marmorstøtten nede i hendes lille have, hun kyssede ham igen, og ønskede, at han dog måtte leve.

Nu så hun foran sig det faste land, høje blå bjerge, på hvis top den hvide sne skinnede, som var det svaner, der lå; nede ved kysten var dejlige grønne skove, og foran lå en kirke eller et kloster, det vidste hun ikke ret, men en bygning var det.

Lemon- and orange-trees grew in the garden, and before the gate stood lofty palm-trees. The sea formed here a little bay, where the water was quite smooth and calm, but of great depth right up to the rocky shore where the fine white sand had been washed up.

Thither the little mermaid swam with the handsome prince, and placed him on the sand, taking great care that his head should lie raised in the sunshine.

The bells in the large white building now began ringing, and a number of young girls came out into the garden. The little mermaid then swam some distance farther out to a place behind some high rocks which rose out of the water, and covered her head and her shoulders with sea foam, so that no one could see her little face; and from here she watched to see who would discover the poor prince.

She had not long to wait before a young girl came to the place. She seemed quite frightened, but only for a moment; then she fetched some people, and the mermaid saw how the prince came back to life, and that he smiled to all around him; but he did not send a smile in her direction, for how could he know that she had saved him? She became very sad, and when he was brought into the great building she dived under the water and returned to her father's palace, greatly distressed in mind.

She had always been quiet and thoughtful, but now she became more so than ever. Her sisters asked her what she had seen on her first visit up above, but she would not tell them anything.

Many an evening and morning she visited the place where she had left the prince. She saw how the fruits in the garden ripened and were plucked, she saw how the snow melted on the lofty mountains; but the prince she did not see, and therefore she always returned home still more sorrowful than before. Her only comfort was to sit in her little garden and throw her arms round the beautiful marble statue which resembled the prince. She neglected her flowers, which soon grew, as if in a wilderness, over the paths, and twined their long stalks and leaves around the branches of the trees till the place became quite dark.

At last she could endure it no longer, and told her story to one of her sisters, and then all the other sisters got to know it; but no one else knew anything except themselves and a couple of other mermaids, who did not speak about it to anyone except to their nearest and dearest friends. One of these knew who the prince was. She had also seen the festivities on board the ship, and knew where he came from, and where his kingdom lay.

"Come along with us, little sister," said the other princesses, and with their arms around each other's shoulders they ascended to the surface in front of the place where the prince's palace lay.

Citron- og appelsintræer voksede der i haven, og foran porten stod høje palmetræer. Søen gjorde her en lille bugt, der var blikstille, men meget dybt, lige hen til klippen, hvor det hvide fine sand var skyllet op, her svømmede hun hen med den smukke prins, lagde ham i sandet, men sørgede især for, at hovedet lå højt i det varme solskin.

Nu ringede klokkerne i den store hvide bygning, og der kom mange unge piger gennem haven. Da svømmede den lille havfrue længere ud bag nogle høje stene, som ragede op af vandet, lagde søskum på sit hår og sit bryst, så at ingen kunne se hendes lille ansigt, og da passede hun på, hvem der kom til den stakkels prins.

Det varede ikke længe, før en ung pige kom derhen, hun syntes at blive ganske forskrækket, men kun et øjeblik, så hentede hun flere mennesker, og havfruen så, at prinsen fik liv, og at han smilede til dem alle rundt omkring, men ud til hende smilede han ikke, han vidste jo ikke heller, at hun havde reddet ham, hun følte sig så bedrøvet, og da han blev ført ind i den store bygning, dykkede hun sorrigfuld ned i vandet og søgte hjem til sin faders slot.

Altid havde hun været stille og tankefuld, men nu blev hun det meget mere. Søstrene spurgte hende, hvad hun havde set den første gang deroppe, men hun fortalte ikke noget.

Mangen aften og morgen steg hun op der, hvor hun havde forladt prinsen. Hun så, hvor havens frugter modnedes og blev afplukket, hun så, hvor sneen smeltede på de høje bjerge, men prinsen så hun ikke, og derfor vendte hun altid endnu mere bedrøvet hjem. Der var det hendes eneste trøst, at sidde i sin lille have og slynge sine arme om den smukke marmorstøtte, som lignede prinsen, men sine blomster passede hun ikke, de voksede, som i et vildnis, ud over gangene og flettede deres lange stilke og blade ind i træernes grene, så der var ganske dunkelt.

Til sidst kunne hun ikke længere holde det ud, men sagde det til en af sine søstre, og så fik straks alle de andre det at vide, men heller ingen flere, end de og et par andre havfruer, som ikke sagde det uden til deres nærmeste veninder. En af dem vidste besked, hvem prinsen var, hun havde også set stadsen på skibet, vidste, hvorfra han var, og hvor hans kongerige lå.

"Kom lille søster!" sagde de andre prinsesser, og med armene om hinandens skuldre steg de i en lang række op af havet foran, hvor de vidste prinsens slot lå.

It was built of a kind of light-yellow shining stone, with large flights of marble stairs, one of which went right down to the sea. Magnificent gilt cupolas rose above the roof, and between the columns which surrounded the whole building stood marble statues which looked as if they were alive.

Through the clear glass in the lofty windows one could see into the most magnificent halls, with costly silk curtains and tapestries. On the walls hung large paintings, which it was a pleasure to look at. In the middle of the largest hall a big fountain was playing, its jets reaching right up into the glass cupola of the ceiling, through which the sun shone on the water, and on the beautiful plants which grew in the large basin.

Now she knew where he lived, and many an evening and night did she come there. She swam much nearer the shore than any of the others had dared to do; she even went right up the narrow canal under the splendid marble balcony which threw a long shadow out over the water. Here she would sit and look at the young prince, who believed he was all alone in the bright moonlight.

* * *

Dette var opført af en lysegul glinsende stenart, med store marmortrapper, én gik lige ned i havet. Prægtige forgyldte kupler hævede sig over taget, og mellem søjlerne, som gik rundt om hele bygningen, stod marmorbilleder, der så ud, som levende. Gennem det klare glas i de høje vinduer så man ind i de prægtigste sale, hvor kostelige silkegardiner og tæpper var ophængte, og alle væggene pyntede med store malerier, som det ret var en fornøjelse at se på. Midt i den største sal plaskede et stort springvand, strålerne stod højt op mod glaskuplen i loftet, hvorigennem solen skinnede på vandet og på de dejlige planter, der voksede i det store bassin.

Nu vidste hun, hvor han boede, og der kom hun mangen aften og nat på vandet; hun svømmede meget nærmere land, end nogen af de andre havde vovet, ja hun gik helt op i den smalle kanal, under den prægtige marmoraltan, der kastede en lang skygge hen over vandet. Her sad hun og så på den unge prins, der troede, han var ganske ene i det klare måneskin.

Many an evening she saw him sailing in his magnificent boat, with music and waving flags on board, while she peeped out from among the green rushes; and if the wind caught hold of her long silver-white veil, anyone who saw it thought it was a swan which was spreading out its wings.

Many a night she heard the many good things the fishermen said about the young prince, and she rejoiced to think she had saved his life; but he knew nothing at all about this, and could not even dream of her.

More and more she came to love human beings; more and more she wished to be able to be among them. Their world, she thought, was far larger than hers. They could fly across the seas in their ships, and they could climb the lofty mountains, high above the clouds; and the countries they possessed, with forests and fields, stretched farther than her eyes could reach. There was so much she wanted to know, but her sisters could not answer everything; so she asked the old grandmother, who knew the upper world well, as she rightly called the countries above the sea.

"If human beings are not drowned," asked the little mermaid, "can they go on living forever? Do they not die as we die down here in the sea?"

"Yes," said the old lady, "they must also die, and their term of life is even shorter than ours. We can live to be three hundred years old; but when we then cease to exist we only become foam on the water, and have not even a grave down here among our dear ones. We have not an immortal soul; we shall never live again. We are like the green rushes: when once cut down we can never live again. Human beings, however, have a soul which lives forever—which lives after the body has become dust: it rises up through the clear air, up to all the shining stars. Just as we rise up out of the sea and see the countries of the world, so do they ascend to unknown beautiful places which we shall never see."

"Why did we not receive an immortal soul?" asked the little mermaid in a sad tone. "I would give all the hundreds of years I have to live to be a human being only for a day, and afterward share the joys of the upper world!"

"You must not go on thinking of that," said the old lady; "we are much happier and better off than the human beings up there."

"So I must die and float as foam upon the sea! I shall not hear the music of the billows, or see the beautiful flowers and the red sun! Can I, then, do nothing at all to win an immortal soul!"

Hun så ham mangen aften sejle med musik i sin prægtige båd, hvor flagene vajede; hun tittede frem mellem de grønne siv, og tog vinden i hendes lange sølvhvide slør og nogen så det, tænkte de, det var en svane, som løftede vingerne.

Hun hørte mangen nat, når fiskerne lå med blus på søen, at de fortalte så meget godt om den unge prins, og det glædede hende, at hun havde frelst hans liv, da han halvdød drev om på bølgerne, og hun tænkte på, hvor fast hans hoved havde hvilet på hendes bryst, og hvor inderligt hun da kyssede ham; han vidste slet intet derom, kunne ikke engang drømme om hende.

Mere og mere kom hun til at holde af menneskene, mere og mere ønskede hun at kunne stige op imellem dem; deres verden syntes hun var langt større, end hendes; de kunne jo på skibe flyve hen over havet, stige på de høje bjerge højt over skyerne, og landene, de ejede, strakte sig, med skove og marker, længere, end hun kunne øjne. Der var så meget hun gad vide, men søstrene vidste ikke at give svar på alt, derfor spurgte hun den gamle bedstemoder og hun kendte godt til den højere verden, som hun meget rigtigt kaldte landene oven for havet.

"Når menneskene ikke drukner," spurgte den lille havfrue, "kan de da altid leve, dør de ikke, som vi hernede på havet?"

"Jo!" sagde den gamle, "de må også dø, og deres levetid er endogså kortere end vor. Vi kan blive tre hundrede år, men når vi så hører op at være til her, bliver vi kun skum på vandet, har ikke engang en grav hernede mellem vore kære. Vi har ingen udødelig sjæl, vi får aldrig liv mere, vi er ligesom det grønne siv, er det engang skåret over, kan det ikke grønnes igen! Menneskene derimod har en sjæl, som lever altid, lever, efter at legemet er blevet jord; den stiger op igennem den klare luft, op til alle de skinnende stjerner! ligesom vi dykker op af havet og ser menneskenes lande, således dykker de op til ubekendte dejlige steder, dem vi aldrig får at se."

"Hvorfor fik vi ingen udødelig sjæl?" sagde den lille havfrue bedrøvet, "jeg ville give alle mine tre hundrede år, jeg har at leve i, for blot én dag at være et menneske og siden få del i den himmelske verden!"

"Det må du ikke gå og tænke på!" sagde den gamle, "vi har det meget lykkeligere og bedre, end menneskene deroppe!"

"Jeg skal altså dø og flyde som skum på søen, ikke høre bølgernes musik, se de dejlige blomster og den røde sol! Kan jeg da slet intet gøre, for at vinde en evig sjæl!"

"No," said the old queen-dowager. "Only if a man came to love you so much that you were more to him than his father or mother, if he clung to you with all his heart and all his love, and let the parson put his right hand into yours with a promise to be faithful to you here and for all eternity, then his soul would flow into your body, and you would also partake of the happiness of mankind. He would give you his soul and still retain his own. But that can never happen. What we here in the sea consider most beautiful, our fish's tail, they would consider ugly upon earth. Poor people! They do not understand any better. Up there you must have two clumsy supports which they call legs to be considered beautiful."

Then the little mermaid sighed, and looked sadly at her fish's tail.

"Let us be satisfied with our lot," said the old lady; "we will frisk and leap about during the three hundred years we have to live in. That is surely long enough. After that one can rest all the more contentedly in one's grave. This evening we are going to have a court ball."

No such display of splendor has ever been witnessed on earth. The walls and ceiling in the large ball-room were of thick but transparent glass. Several hundreds of colossal mussel-shells, pink and grass-green, were placed in rows on each side, with blue fires, which lighted up the whole hall and shone through the walls, so that the sea outside was quite lit up. One could see all the innumerable fishes, great and small, swimming up to the glass walls. On some the scales shone in purple, and on others they appeared to be silver and gold.

Through the middle of the hall flowed a broad stream, in which the mermen and mermaids danced to their own song. Such beautiful voices the inhabitants of the earth never possessed. The little mermaid sang the most beautifully of all, and they clapped their hands to her, and for a moment she felt joyful at heart, for she knew that she had the loveliest voice of any to be found on earth or in the sea. But soon she began again to think of the world above. She could not forget the handsome prince, and her sorrow at not possessing an immortal soul like his. She therefore stole out of her father's palace, and while everybody was merry and singing she sat sad at heart in her little garden. Suddenly she heard the sound of a bugle through the water, and she thought to herself, "Now he is out sailing—he whom I love more than father and mother, he to whom my thoughts cling, and in whose hands I would place the happiness of my life. I will risk everything to win him and an immortal soul. While my sisters are dancing in my father's palace I will go to the sea witch, of whom I have always been so frightened. She may advise and help me."

The little mermaid then went out of her garden toward the roaring whirlpools behind which the witch lived. She had never been that way before. Neither flowers nor seaweed grew there.

"Nej!" sagde den gamle, "kun når et menneske fik dig så kær, at du var ham mere, end fader og moder; når han med hele sin tanke og kærlighed hang ved dig, og lod præsten lægge sin højre hånd i din med løfte om troskab her og i al evighed, da flød hans sjæl over i dit legeme og du fik også del i menneskenes lykke. Han gav dig sjæl og beholdt dog sin egen. Men det kan aldrig ske! Hvad der just er dejligt her i havet, din fiskehale, finder de hæsligt deroppe på jorden, de forstår sig nu ikke bedre på det, man må dér have to klodsede støtter, som de kalder ben, for at være smuk!"

Da sukkede den lille havfrue og så bedrøvet på sin fiskehale.

"Lad os være fornøjede," sagde den gamle, "hoppe og springe vil vi i de tre hundrede år, vi har at leve i, det er såmænd en god tid nok, siden kan man des fornøjeligere hvile sig ud i sin grav. I aften skal vi have hofbal!"

Det var også en pragt, som man aldrig ser den på jorden. Vægge og loft i den store dansesal var af tykt men klart glas. Flere hundrede kolossale muslingeskaller, rosenrøde og græsgrønne, stod i rækker på hver side med en blå brændende ild, som oplyste den hele sal og skinnede ud gennem væggene, så at søen der udenfor var ganske oplyst; man kunne se alle de utallige fisk, store og små, som svømmede hen imod glasmuren, på nogle skinnede skællene purpurrøde, på andre syntes de sølv og guld.

Midt igennem salen flød en bred rindende strøm, og på denne dansede havmænd og havfruer til deres egen dejlige sang. Så smukke stemmer har ikke menneskene på jorden. Den lille havfrue sang skønnest af dem alle, og de klappede i hænderne for hende, og et øjeblik følte hun glæde i sit hjerte, thi hun vidste, at hun havde den skønneste stemme af alle på jorden og i havet! Men snart kom hun dog igen til at tænke på verden oven over sig; hun kunne ikke glemme den smukke prins og sin sorg over ikke at eje, som han, en udødelig sjæl. Derfor sneg hun sig ud af sin faders slot, og mens alt derinde var sang og ly-stighed, sad hun bedrøvet i sin lille have. Da hørte hun valdhorn klinge ned igennem vandet, og hun tænkte, "nu sejler han vist deroppe, ham som jeg holder mere af end fader og moder, ham som min tanke hænger ved og i hvis hånd jeg ville lægge mit livs lykke. Alt vil jeg vove for at vinde ham og en udødelig sjæl! Mens mine søstre danser derinde i min faders slot, vil jeg gå til havheksen, hende jeg altid har været så angst for, men hun kan måske råde og hjælpe!"

Nu gik den lille havfrue ud af sin have hen imod de brusende malstrømme, bag hvilke heksen boede. Den vej havde hun aldrig før gået, der voksede ingen blomster, intet søgræs.

Only the bare, gray sandy bottom could be seen stretching away to the whirlpools where the water whirled round like roaring mill-wheels, tearing everything they got hold of down with them into the abyss below. She had to make her way through these roaring whirlpools to get into the sea witch's district, and for a long distance there was no other way than over hot, bubbling mud, which the witch called her turf-moor. Behind it lay her house, in the middle of a weird forest. All trees and bushes were polyps, half animal, half plant. They looked like hundred-headed snakes growing out of the ground. All the branches were long slimy arms with fingers like wiry worms, and they moved, joint by joint, from the root to the outermost point. They twisted themselves firmly around everything they could seize hold of in the sea, and never released their grip.

The little mermaid stood quite frightened before all this, her heart beat with fear, and she was nearly turning back, but then she thought of the prince and man's immortal soul, and this gave her courage. She twisted her long, flowing hair tightly round her head, so that the polyps should not seize her by it, crossed both her hands on her breast, and then darted forward as rapidly as fish can shoot through the water, in between the polyps, which stretched out their wiry arms and fingers after her. She noticed how they all held something which they had seized—held with a hundred little arms as if with iron bands.

* * *

Kun den nøgne grå sandbund strakte sig hen imod malstrømmene, hvor vandet, som brusende møllehjul, hvirvlede rundt og rev alt, hvad de fik fat på, med sig ned i dybet; midt imellem disse knusende hvirvler måtte hun gå, for at komme ind på havheksens distrikt, og her var et langt stykke ikke anden vej, end over varmt boblende dynd, det kaldte heksen sin tørvemose. Bag ved lå hendes hus midt inde i en sælsom skov. Alle træer og buske var polypper, halv dyr og halv plante, de så ud, som hundredhovedede slanger, der voksede ud af jorden; alle grene var lange slimede arme, med fingre som smidige orme, og led for led bevægede de sig fra roden til den yderste spidse. Alt hvad de i havet kunne gribe fat på, snoede de sig fast om og gav aldrig mere slip på.

Den lille havfrue blev ganske forskrækket stående der udenfor; hendes hjerte bankede af angst, nær havde hun vendt om, men så tænkte hun på prinsen og på menneskets sjæl, og da fik hun mod. Sit lange flagrende hår bandt hun fast om hovedet, for at polypperne ikke skulle gribe hende deri, begge hænder lagde hun sammen over sit bryst, og fløj så af sted, som fisken kan flyve gennem vandet, ind imellem de hæslige polypper, der strakte deres smidige arme og fingre efter hende.

The white skeletons of people who had perished at sea and sunk to the bottom could be seen firmly fixed in the arms of the polyps, together with ships' rudders and sea chests, skeletons of land animals, and a little mermaid whom they had caught and strangled. This was the most terrible sight of all to her.

She now came to a large slimy place in the forest, where great fat water snakes were rolling about, showing their ugly whitish-yellow bellies. In the middle of the open space stood a house built of the white bones of the people who had been wrecked. There the sea witch was sitting, while a toad was eating out of her mouth, just as a human being lets a little canary bird eat sugar from his mouth. The ugly, fat water snakes she called her little chickens, and allowed them to crawl all over her bosom.

"I know what you want," said the witch; "it is very stupid of you. But you shall have your way, for it is sure to bring you unhappiness, my pretty princess. You want to get rid of your fish's tail and to have two stumps instead to walk upon, like human beings, so that the young prince may fall in love with you, and that you may get him and an immortal soul."

* * *

Hun så, hvor hver af dem havde noget, den havde grebet, hundrede små arme holdt det, som stærke jernbånd. Mennesker, som var omkommet på søen og sunket dybt derned, tittede, som hvide benrade frem i polyppernes arme. Skibsror og kister holdt de fast, skeletter af landdyr og en lille havfrue, som de havde fanget og kvalt, det var hende næsten det forskrækkeligste.

Nu kom hun til en stor slimet plads i skoven, hvor store, fede vandsnoge boltrede sig og viste deres stygge hvidgule bug. Midt på pladsen var rejst et hus af strandede menneskers hvide ben, der sad havheksen og lod en skrubtudse spise af sin mund, ligesom menneskene lader en lille kanariefugl spise sukker. De hæslige fede vandsnoge kaldte hun sine små kyllinger og lod dem vælte sig på hendes store, svampede bryst.

"Jeg ved nok, hvad du vil!" sagde havheksen, "det er dumt gjort af dig! alligevel skal du få din vilje, for den vil bringe dig i ulykke, min dejlige prinsesse. Du vil gerne af med din fiskehale og i stedet for den have to stumper at gå på ligesom menneskene, for at den unge prins kan blive forlibt i dig og du kan få ham og en udødelig sjæl!"

And then the witch laughed so loudly and horribly that the toad and the snakes fell down to the ground, where they rolled about.

"You come only just in time," said the witch, "for after sunrise tomorrow I should not be able to help you till another year had passed. I will make a drink for you, with which you must proceed to land before the sun rises, and then sit down on the shore and drink it, when your tail will be parted in two and shrink to what human beings call pretty legs; but it will cause you great pain—you will feel as if a sharp sword went through you. Every one who sees you will say you are the most beautiful human child they have seen. You will keep your graceful walk, no dancer will be able to float about like you; but at every step you take you will feel as if you stepped on a sharp knife, and as if your blood must flow. If you will suffer all this, I will help you."

"Yes," said the little mermaid, in a trembling voice, thinking only of the prince and of winning an immortal soul.

"But remember," said the witch, "when once you have assumed the human form, you can never become a mermaid again."

* * *

I det samme lo heksen så højt og fælt, at skrubtudsen og snogene faldt ned på jorden og væltede sig der. "Du kommer netop i rette tid," sagde heksen, "i morgen, når sol står op, kunne jeg ikke hjælpe dig, før igen et år var omme. Jeg skal lave dig en drik, med den skal du, før sol står op, svømme til landet, sætte dig på bredden der og drikke den, da skilles din hale ad og snerper ind til hvad menneskene kalde nydelige ben, men det gør ondt, det er som det skarpe sværd gik igennem dig. Alle, som ser dig, vil sige, du er det dejligste menneskebarn de har set! du beholder din svævende gang, ingen danserinde kan svæve som du, men hvert skridt du gør, er som om du trådte på en skarp kniv, så dit blod må flyde. Vil du lide alt dette, så skal jeg hjælpe dig?"

"Ja!" sagde den lille havfrue med bævende stemme, og tænkte på prinsen og på at vinde en udødelig sjæl.

"Men husk på," sagde heksen, "når du først har fået menneskelig skikkelse, da kan du aldrig mere blive en havfrue igen!"

"You will never be able to descend through the water to your sisters, or to your father's palace, and if you do not win the prince's love so that he forgets his father and mother for your sake and clings to you with all his heart, and lets the parson join your hands making you man and wife, then you will not receive an immortal soul. The first morning after he has married another your heart will break, and you will become foam on the water."

"I will do it," said the little mermaid, and turned as pale as death.

"But you will have to pay me as well," said the witch; "and it is not a trifle I ask. You have the loveliest voice of all down here at the bottom of the sea, and with that you think of course you will be able to enchant him, but that voice you must give to me. I will have the best thing you possess for my precious draught. I shall have to give you my own blood in it, so that the draught may become as sharp as a double-edged sword."

"But if you take away my voice," said the little mermaid, "what have I then left?"

"Your beautiful form," said the witch, "your graceful walk, and your expressive eyes. With these you can surely infatuate a human heart. Put out your little tongue and I will cut it off as my payment, and you shall then have the powerful draught."

"So be it," said the little mermaid; and the witch put the caldron on the fire to boil the magic draught.

"Cleanliness is a virtue!" she said, and took the snakes and tied them in a knot to scour out the caldron with. She then slashed her chest and let her black blood drop into the caldron. The steam formed itself into the most fantastic figures, so that one could not help being frightened and scared. Every moment the witch threw some new ingredients into the caldron, and when it began to boil it sounded like the weeping of a crocodile. At last the draught was ready, and it looked like the purest water.

"There it is," said the witch, and cut off the little mermaid's tongue. She was now dumb, and could neither sing nor speak.

"If the polyps should get hold of you when you pass through my forest," said the witch, "then throw just a single drop of this draught over them, and their arms and fingers will be rent in a thousand pieces."

But there was no need for the little mermaid to do so, for the polyps drew back from her in fear when they saw the sparkling draught which shone in her hand as if it were a glittering star. Thus she quickly got through the forest, the marsh, and the roaring whirlpools.

She could see her father's palace. The lights in the great ball-room were extinguished. All were now, no doubt, asleep; but she did not venture to go with them now that she was dumb and was going away from them forever. It seemed as if her heart would break with sorrow.

"Du kan aldrig stige ned igennem vandet til dine søstre og til din faders slot, og vinder du ikke prinsens kærlighed, så han for dig glemmer fader og moder, hænger ved dig med sin hele tanke og lader præsten lægge eders hænder i hinanden, så at I bliver mand og kone, da får du ingen udødelig sjæl! den første morgen efter at han er gift med en anden, da må dit hjerte briste, og du bliver skum på vandet."

"Jeg vil det!" sagde den lille havfrue og var bleg, som en død.

"Men mig må du også betale!" sagde heksen, "og det er ikke lidet, hvad jeg forlanger. Du har den dejligste stemme af alle hernede på havets bund, med den tror du nok at skulle fortrylle ham, men den stemme skal du give mig. Det bedste du ejer vil jeg have for min kostelige drik! mit eget blod må jeg jo give dig deri, at drikken kan blive skarp, som et tveægget sværd!"

"Men når du tager min stemme," sagde den lille havfrue, "hvad beholder jeg da tilbage?"

"Din dejlige skikkelse," sagde heksen, "din svævende gang og dine talende øjne, med dem kan du nok bedåre et menneskehjerte. Nå, har du tabt modet! ræk frem din lille tunge, så skærer jeg den af, i betaling, og du skal få den kraftige drik!"

"Det ske!" sagde den lille havfrue, og heksen satte sin kedel på, for at koge trolddrikken.

"Renlighed er en god ting!" sagde hun og skurede kedlen af med snogene, som hun bandt i knude; nu ridsede hun sig selv i brystet og lod sit sorte blod dryppe derned, Dampen gjorde de forunderligste skikkelser, så man måtte blive angst og bange. Hvert øjeblik kom heksen nye ting i kedlen, og da det ret kogte, var det, som når krokodillen græder. Til sidst var drikken færdig, den så ud som det klareste vand!

"Der har du den!" sagde heksen og skar tungen af den lille havfrue, som nu var stum, kunne hverken synge eller tale.

"Dersom polypperne skulle gribe dig, når du går tilbage igennem min skov," sagde heksen, "så kast kun en eneste dråbe af denne drik på dem, da springer deres arme og fingre i tusinde stykker!"

Men det behøvede den lille havfrue ikke, Polypperne trak sig forskrækkede tilbage for hende, da de så den skinnende drik, der lyste i hendes hånd, ligesom det var en funklende stjerne. Således kom hun snart igennem skoven, mosen og de brusende malstrømme.

Hun kunne se sin faders slot; blussene var slukket i den store dansesal; de sov vist alle derinde, men hun vovede dog ikke at søge dem, nu hun var stum og ville for altid gå bort fra dem. Det var, som hendes hjerte skulle gå itu af sorg.

The sun had not yet risen when she saw the prince's palace and arrived at the magnificent marble steps, but the moon was shining bright and clear. The little mermaid drank the strong and fiery draught; she felt as if a two-edged sword went through her delicate frame; she fell down in a swoon, and lay like one dead. When the sun began to shine across the waters she came to herself and felt a burning pain.

But right in front of her stood the handsome young prince. He looked at her so fixedly with his coal-black eyes that she cast down her own, and then discovered that her fish's tail had vanished, and that she had the prettiest little white feet that any young girl could possess. But she was quite unclothed, and she therefore wrapped herself in her long, luxuriant hair. The prince asked her who she was, and how she got there; and she looked at him so mildly and yet so sadly with her dark blue eyes, for speak she could not. He then took her by the hand and led her into the palace. As the witch had told her, each step she made was as if she was treading on the points of awls and sharp knives; but she bore it gladly. Holding the prince's hand, she walked as lightly as a soap-bubble, and he and all the people at court were surprised at her graceful walk.

* * *

Hun sneg sig ind i haven, tog én blomst af hver af sine søstres blomsterbed, kastede med fingeren tusinde kys hen imod slottet og steg op igennem den mørkeblå sø.

Solen var endnu ikke kommet frem, da hun så prinsens slot og besteg den prægtige marmortrappe. Månen skinnede dejligt klart. Den lille havfrue drak den brændende skarpe drik, og det var, som gik et tveægget sværd igennem hendes fine legeme, hun besvimede derved og lå, som død. Da solen skinnede hen over søen, vågnede hun op, og hun følte en sviende smerte, men lige for hende stod den dejlige unge prins, han fæstede sine kulsorte øjne på hende, så hun slog sine ned og så, at hendes fiskehale var borte, og at hun havde de nydeligste små, hvide ben, nogen lille pige kunne have, men hun var ganske nøgen, derfor svøbte hun sig ind i sit store, lange hår. Prinsen spurgte, hvem hun var, og hvorledes hun var kommet her, og hun så mildt og dog så bedrøvet på ham med sine mørkeblå øjne, tale kunne hun jo ikke. Da tog han hende ved hånden og førte hende ind i slottet. Hvert skridt hun gjorde, var, som heksen havde sagt hende forud, som om hun trådte på spidse syle og skarpe knive, men det tålte hun gerne; ved prinsens hånd steg hun så let, som en boble, og han og alle undrede sig over hendes yndige, svævende gang.

Costly clothes of silk and muslin were now brought to her, in which she arrayed herself. She was the most beautiful of all in the palace, but she was dumb, and could neither sing nor speak. Lovely female slaves, dressed in silk and gold, appeared and sang before the prince and his royal parents. One of them sang more beautifully than all the others, and the prince clapped his hands and smiled at her. The little mermaid thought to herself: "Oh, if he could only know that I have given away my voice forever to be near him!"

The slaves now began dancing graceful aerial dances to the loveliest music. Then the little mermaid lifted up her lovely white arms, raised herself on the tips of her toes, and glided over the door, dancing as no one yet had danced. At each movement her beauty became more apparent, and her eyes spoke more deeply to the heart than the song of the slave girls. All were delighted with her, especially the prince, who called her his little foundling; and she went on dancing more and more, although each time her feet touched the ground she felt as if she were treading on sharp knives.

The prince had a male costume made for her, so that she could accompany him on horseback. They rode through the fragrant forests and climbed the lofty mountains; and although her tender feet bled so that the others could see it, she only laughed.

* * *

Kostelige klæder af silke og musselin fik hun på, i slottet var hun den skønneste af alle, men hun var stum, kunne hverken synge eller tale. Dejlige slavinder, klædte i silke og guld, kom frem og sang for prinsen og hans kongelige forældre; en sang smukkere end alle de andre og prinsen klappede i hænderne og smilede til hende, da blev den lille havfrue bedrøvet, hun vidste, at hun selv havde sunget langt smukkere! hun tænkte, "Oh han skulle bare vide, at jeg, for at være hos ham, har givet min stemme bort i al evighed!"

Nu dansede slavinderne i yndige svævende danse til den herligste musik, da hævede den lille havfrue sine smukke hvide arme, rejste sig på tåspidsen og svævede hen over gulvet, dansede, som endnu ingen havde danset; ved hver bevægelse blev hendes dejlighed endnu mere synlig, og hendes øjne talte dybere til hjertet, end slavindernes sang. Alle var henrykte derover, især prinsen, som kaldte hende sit lille hittebarn, og hun dansede mere og mere, skønt hver gang hendes fod rørte jorden, var det, som om hun trådte på skarpe knive.

Prinsen lod hende sy en mandsdragt, for at hun til hest kunne følge ham. De red gennem de duftende skove, hvor de grønne grene slog hende på skulderen og de små fugle sang bag friske blade.

At night, when all the others at the prince's palace slept, she went down to the broad marble steps, where it cooled her burning feet to stand in the cold sea-water, while she thought of all dear to her far down in the deep.

One night her sisters came arm in arm, singing most mournfully as they glided over the water. She beckoned to them, and they recognized her, and told her how sad she had made them all. After that they visited her every night; and one night she saw far away her old grandmother, who had not been to the surface for many years, and the sea king with his crown on his head. They stretched out their hands toward her, but did not venture so near land as her sisters.

Day by day the prince became fonder of her. He loved her as one loves a good, dear child, but he never thought of making her his queen. She would have to become his wife, otherwise she would not receive an immortal soul, and would be turned into froth on the sea on the morning of his wedding-day.

"Do you not love me most of them all?" the eyes of the little mermaid seemed to say when he took her in his arms and kissed her beautiful forehead.

* * *

Hjemme på prinsens slot, når om natten de andre sov, gik hun ud på den brede marmortrappe, og det kølede hendes brændende fødder, at stå i det kolde søvand, og da tænkte hun på dem dernede i dybet.

En nat kom hendes søstre arm i arm, de sang så sorrigfuldt, idet de svømmede over vandet, og hun vinkede af dem, og de kendte hende og fortalte, hvor bedrøvet hun havde gjort dem alle sammen. Hver nat besøgte de hende siden, og en nat så hun, langt ude, den gamle bedstemoder, som i mange år ikke havde været over havet, og havkongen, med sin krone på hovedet, de strakte hænderne hen mod hende, men vovede sig ikke så nær landet, som søstrene.

Dag for dag blev hun prinsen kærere, han holdt af hende, som man kan holde af et godt, kært barn, men at gøre hende til sin dronning, faldt ham slet ikke ind, og hans kone måtte hun blive, ellers fik hun ingen udødelig sjæl, men ville på hans bryllupsmorgen blive skum på søen.

"Holder du ikke mest af mig, blandt dem alle sammen!" syntes den lille havfrues øjne at sige, når han tog hende i sine arme og kyssede hendes smukke pande.

"Yes, you are most dear to me," said the prince, "for you have the best heart of all of them. You are the most devoted to me, and you are like a young girl whom I once saw, but whom I fear I shall never find again. I was on board a ship which was wrecked, and the waves washed me ashore close to a holy temple, where several young maidens were in attendance. The youngest of them found me on the shore and saved my life. I saw her only twice. She was the only one I could love in the world; but you are like her, and you have almost driven her image out of my mind. She belongs to the holy temple, and therefore my good fortune has sent you to me. We shall never part."

"Alas! He does not know that I saved his life," thought the little mermaid. "I carried him across the sea to the forest where the temple stands. I sat behind the foam and watched for some one to come. I saw the beautiful maiden whom he loves more than me." And the mermaid sighed deeply, since she could not cry. "The maiden belongs to the holy temple, he told me. She will never come out into the world. They do not see each other any more. I am with him, and see him every day. I will cherish him, love him, and give my life for him."

But then she heard that the prince was to be married to the beautiful daughter of the neighboring king, and that was the reason he was fitting out such a splendid ship. The prince was going to visit the countries of the neighboring king, it was said; but it was to see the king's daughter, and he was going to have a great suite with him. But the little mermaid shook her head and smiled. She knew the prince's thoughts better than all the others.

"I must go," he had said to her. "I must see the beautiful princess. My parents demand it; but they will not compel me to bring her home as my bride. I cannot love her. She is not like the beautiful girl in the temple, whom you are so like. If, some day, I were to choose a bride, I would rather choose you, my dumb foundling with the eloquent eyes." And he kissed her rosy lips, played with her long hair, and laid his head on her heart, while she dreamed of human happiness and an immortal soul.

"You are not afraid of the sea, my dumb child," said he, as they stood on board the noble ship which was to carry him to the country of the neighboring king; and he told her about storms and calms, about strange fishes in the deep, and what the divers had seen there; and she smiled at his stories, for she knew, of course, more than anyone else about the wonders of the deep.

In the moonlight night, when all were asleep except the steersman who stood at the helm, she sat on the gunwale of the ship, looking down into the clear water. She thought she saw her father's palace, and in the uppermost part of it her old grandmother, with the silver crown on her head, gazing up through the turbulent current caused by the keel of the ship.

"Jo, du er mig kærest," sagde prinsen, "thi du har det bedste hjerte af dem alle, du er mig mest hengiven, og du ligner en ung pige jeg engang så, men vistnok aldrig mere finder. Jeg var på et skib, som strandede, bølgerne drev mig i land ved et helligt tempel, hvor flere unge piger gjorde tjeneste, den yngste der fandt mig ved strandbredden og reddede mit liv, jeg så hende kun to gange; hun var den eneste, jeg kunne elske i denne verden, men du ligner hende, du næsten fortrænger hendes billede i min sjæl, hun hører det hellige tempel til, og derfor har min gode lykke sendt mig dig, aldrig vil vi skilles!"

"Ak, han ved ikke, at jeg har reddet hans liv!" tænkte den lille havfrue, "jeg bar ham over søen hen til skoven, hvor templet står, jeg sad bag skummet og så efter, om ingen mennesker ville komme. Jeg så den smukke pige, som han holder mere af, end mig!" og havfruen sukkede dybt, græde kunne hun ikke. "Pigen hører det hellige tempel til, har han sagt, hun kommer aldrig ud i verden, de mødes ikke mere, jeg er hos ham, ser ham hver dag, jeg vil pleje ham, elske ham, ofre ham mit liv!"

Men nu skal prinsen giftes og have nabokongens dejlige datter! fortalte man, derfor er det, at han udruster så prægtigt et skib. Prinsen rejser for at se nabokongens lande, hedder det nok, men det er for at se nabokongens datter, et stort følge skal han have med; men den lille havfrue rystede med hovedet og lo; hun kendte prinsens tanker meget bedre, end alle de andre.

"Jeg må rejse!" havde han sagt til hende, "jeg må se den smukke prinsesse, mine forældre forlange det, men tvinge mig til at føre hende her hjem, som min brud, vil de ikke! jeg kan ikke elske hende! hun ligner ikke den smukke pige i templet, som du ligner, skulle jeg engang vælge en brud, så blev det snarere dig, mit stumme hittebarn med de talende øjne!" og han kyssede hendes røde mund, legede med hendes lange hår og lagde sit hoved ved hendes hjerte, så det drømte om menneskelykke og en udødelig sjæl.

"Du er dog ikke bange for havet, mit stumme barn!" sagde han, da de stod på det prægtige skib, som skulle føre ham til nabokongens lande; og han fortalte hende om storm og havblik, om sælsomme fisk i dybet og hvad dykkeren der havde set, og hun smilede ved hans fortælling, hun vidste jo bedre, end nogen anden, besked om havets bund.

I den måneklare nat, når de alle sov, på styrmanden nær, som stod ved roret, sad hun ved rælingen af skibet og stirrede ned igennem det klare vand, og hun syntes at se sin faders slot, øverst deroppe stod den gamle bedstemoder med sølvkronen på hovedet og stirrede op igennem de stride strømme mod skibets køl.

Just then her sisters came up to the surface, staring sorrowfully at her and wringing their white hands. She beckoned to them, smiled, and wanted to tell them that she was well and happy, but the ship's boy came up to her, and the sisters dived down, so that he remained in the belief that the white objects he had seen were the foam on the sea.

The following morning the ship sailed into the harbor of the beautiful city of the neighboring king. All the church bells were ringing, and from the lofty towers trumpets were being blown, while the soldiers were standing with flying colors and glittering bayonets. Every day there was a festival. Balls and parties followed one another; but the princess had not as yet appeared. She was being brought up at a holy temple far away, they said, where she learned every royal virtue. At last she came.

The little mermaid was very anxious to see her beauty, and she had to acknowledge that a more beautiful being she had never seen. Her skin was so fine and clear, and from behind her long dark eyelashes shone a pair of dark blue, faithful eyes.

"It is you," said the prince—"you who saved my life when I lay like a corpse on the shore." And he folded his blushing bride in his arms.

"Oh, I am far too happy!" he said to the little mermaid. "My highest wish, that which I never dared to hope for, has been fulfilled. You will rejoice at my happiness, for you love me more than all of them."

And the little mermaid kissed his hand, and felt already as if her heart were breaking. His wedding morning would bring death to her, and change her into foam on the sea.

All the church bells were ringing, and heralds rode about the streets proclaiming the betrothal. On all the altars fragrant oil was burning in costly silver lamps. The priests swung jars with incense, and the bride and bridegroom joined hands and received the blessing of the bishop. The little mermaid stood dressed in silk and gold, holding the bride's train, but her ears did not hear the festive music, and her eyes did not see the holy ceremony. She was thinking only of the approaching night, which meant death to her, and of all she had lost in this world.

The very same evening the bride and the bridegroom went on board the ship, the cannons roared, all the flags were waving, and in the middle of the deck a royal tent of purple and gold, with the most sumptuous couches, had been erected. There should the bridal pair rest during the quiet, cool night.

The sails swelled in the wind, and the ship glided smoothly and almost motionless over the bright sea.

Da kom hendes søstre op over vandet, de stirrede sorrigfuldt på hende og vred deres hvide hænder, hun vinkede ad dem, smilede og ville fortælle, at alt gik hende godt og lykkeligt, men skibsdrengen nærmede sig hende og søstrene dykkede ned, så han blev i den tro, at det hvide, han havde set, var skum på søen.

Næste morgen sejlede skibet ind i havnen ved nabokongens prægtige stad. Alle kirkeklokker ringede, og fra de høje tårne blev blæst i basuner, mens soldaterne stod med vajende faner og blinkende bajonetter. Hver dag havde en fest. Bal og selskab fulgte på hinanden, men prinsessen var der endnu ikke, hun opdroges langt derfra i et helligt tempel, sagde de, der lærte hun alle kongelige dyder. Endelig indtraf hun.

Den lille havfrue stod begærlig efter at se hendes skønhed, og hun måtte erkende den, en yndigere skikkelse havde hun aldrig set. Huden var så fin og skær, og bag de lange mørke øjenhår smilede et par sortblå trofaste øjne!

"Det er dig!" sagde prinsen, "dig, som har frelst mig, da jeg lå som et lig ved kysten!" og han trykkede sin rødmende brud i sine arme.

"Oh jeg er alt for lykkelig!" sagde han til den lille havfrue. "Det bedste, det jeg aldrig turde håbe, er blevet opfyldt for mig. Du vil glæde dig ved min lykke, thi du holder mest af mig blandt dem alle!"

Og den lille havfrue kyssede hans hånd, og hun syntes alt at føle sit hjerte briste. Hans bryllupsmorgen ville jo give hende døden og forvandle hende til skum på søen.

Alle kirkeklokker ringede, herolderne red om i gaderne og forkyndte trolovelsen. På alle altre brændte duftende olie i kostelige sølvlamper. Præsterne svingede røgelseskar og brud og brudgom rakte hinanden hånden og fik biskoppens velsignelse. Den lille havfrue stod i silke og guld og holdt brudens slæb, men hendes øre hørte ikke den festlige musik, hendes øje så ikke den hellige ceremoni, hun tænkte på sin dødsnat, på alt hvad hun havde tabt i denne verden.

Endnu samme aften gik brud og brudgom ombord på skibet, kanonerne lød, alle flagene vajede, og midt på skibet var rejst et kosteligt telt af guld og purpur og med de dejligste hynder, der skulle brudeparret sove i den stille, kølige nat.

Sejlene svulmede i vinden, og skibet gled let og uden stor bevægelse hen over den klare sø.

When it grew dark gaily colored lanterns were lighted, and the sailors danced merry dances on the deck. The little mermaid could not help thinking of the first time she rose out of the sea and saw the same splendor and merriment, and she joined in the dance, whirling round and round like the swallows when they are pursued. All applauded her. Never before had she danced so charmingly. Her tender feet felt as if they were being pierced by sharp knives, but she did not feel this; her heart suffered from a far more terrible pain. She knew it was the last evening she should see him for whom she had left her relations and her home, for whom she had given up her beautiful voice, and had daily suffered infinite agonies, of which he had no idea. It was the last night she would breathe the same air as he, and see the deep sea and the starlit sky. An eternal night without thoughts and dreams awaited her, who had no soul, who could never gain one. On board the ship the rejoicings and the merriment went on until far beyond midnight. She laughed and danced while the thoughts of death were uppermost in her mind. The prince kissed his lovely bride, and she played with his black locks, and arm in arm they went to rest in the magnificent tent.

* * *

Da det mørknedes, tændtes brogede lamper og søfolkene dansede lystige danse på dækket. Den lille havfrue måtte tænke på den første gang hun dykkede op af havet og så den samme pragt og glæde, og hun hvirvlede sig med i dansen, svævede, som svalen svæver når den forfølges, og alle tiljublede hende beundring, aldrig havde hun danset så herligt; det skar som skarpe knive i de fine fødder, men hun følte det ikke; det skar hende smerteligere i hjertet. Hun vidste, det var den sidste aften hun så ham, for hvem hun havde forladt sin slægt og sit hjem, givet sin dejlige stemme og daglig lidt uendelige kvaler, uden at han havde tanke derom. Det var den sidste nat, hun åndede den samme luft som han, så det dybe hav og den stjerneblå himmel, en evig nat uden tanke og drøm ventede hende, som ej havde sjæl, ej kunne vinde den. Og alt var glæde og lystighed på skibet til langt over midnat, hun lo og dansede med dødstanken i sit hjerte. Prinsen kyssede sin dejlige brud, og hun legede med hans sorte hår, og arm i arm gik de til hvile i det prægtige telt.

Everything then became quiet on the ship, only the steersman was standing at the helm, and the little mermaid laid her white arms on the gunwale and gazed toward the east for the first blush of the morning. The first ray of the sun, she knew, would be her death. Then she saw her sisters rising from the sea. They were as pale as she, and their long, beautiful hair no longer waved in the wind. It had been cut off.

"We have given it to the witch, that she might help you, that you may not die this night. She has given us a knife; here it is. See how sharp it is! Before the sun rises you must plunge it into the prince's heart, and when his warm blood touches your feet they will grow together to a fish's tail, and you will become a mermaid again, and can go down with us into the sea and live your three hundred years before you become the dead salt froth on the sea. Make haste! He or you must die before the sun rises."

* * *

Der blev tyst og stille på skibet, kun styrmanden stod ved roret, den lille havfrue lagde sine hvide arme på rælingen og så mod øst efter morgenrøden, den første solstråle, vidste hun, ville dræbe hende. Da så hun sine søstre stige op af havet, de var blege, som hun; deres lange smukke hår flagrede ikke længere i blæsten, det var afskåret.

"Vi har givet det til heksen, for at hun skulle bringe hjælp, at du ikke denne nat skal dø! Hun har givet os en kniv, her er den! ser du hvor skarp? Før sol står op, må du stikke den i prinsens hjerte, og når da hans varme blod stænker på dine fødder, da vokser de sammen til en fiskehale og du bliver en havfrue igen, kan stige ned i vandet til os og leve dine tre hundrede år, før du bliver det døde, salte søskum. Skynd dig! Han eller du må dø, før sol står op!"

"Our old grandmother is mourning so much for you that her white hair has fallen off, just as ours fell under the scissors of the witch. Kill the prince and come back with us. Make haste! Do you see the red streak on the sky? In a few minutes the sun will rise, and then you must die." And the sisters gave a strange, deep sigh and vanished in the waves.

The little mermaid drew back the purple curtain of the tent, and saw the beautiful bride asleep with her head resting on the prince's breast. She bent down, kissed him on his beautiful forehead, and looked at the sky, where the gleam of the morning was growing brighter and brighter. She glanced at the sharp knife, and again fixed her eyes on the prince, who just then whispered the name of his bride in his dreams. He thought only of her. The knife trembled in the hand of the little mermaid—then she suddenly flung it far away into the waves, which gleamed red where it fell. The bubbles that rose to the surface looked like drops of blood. Once more she looked with dimmed eyes at the prince, and then threw herself from the ship into the sea. She felt her body dissolving itself into foam.

* * *

"Vor gamle bedstemoder sørger, så hendes hvide hår er faldet af, som vort faldt for heksens saks. Dræb prinsen og kom tilbage! Skynd dig, ser du den røde stribe på himlen? Om nogle minutter stiger solen, og da må du dø!" og de udstødte et forunderligt dybt suk og sank i bølgerne.

Den lille havfrue trak purpurtæppet bort fra teltet, og hun så den dejlige brud sove med sit hoved ved prinsens bryst, og hun bøjede sig ned, kyssede ham på hans smukke pande, så på himlen, hvor morgenrøden lyste mere og mere, så på den skarpe kniv og fæstede igen øjnene på prinsen, der i drømme nævnede sin brud ved navn, hun kun var i hans tanker, og kniven sitrede i havfruens hånd, men da kastede hun den langt ud i bølgerne, de skinnede røde, hvor den faldt, det så ud, som piblede der blodsdråber op af vandet. Endnu engang så hun med halvbrustne blik på prinsen, styrtede sig fra skibet ned i havet, og hun følte, hvor hendes legeme opløste sig i skum.

The sun now rose above the horizon, its rays falling so mild and warm on the deadly cold sea foam that the little mermaid did not feel the pangs of death. She saw the bright sun, and above her floated hundreds of beautiful transparent beings, through whom she could see the white sails of the ships and the red clouds in the sky. Their voice was melodious, but so spiritual that no human ear could hear it, just as no human eye could see them. They had no wings, but soared lightly through the air. The little mermaid now discovered that she had a body like theirs, and that she was gradually rising out of the foam.

"Where am I going?" she asked. And her voice sounded like that of the other beings, so spiritual that no earthly music could reproduce it.

"To the daughters of the air," replied the others. "A mermaid has not an immortal soul, and can never gain one unless she wins the love of a man. Her eternal existence depends upon the power of another. Neither have the daughters of the air any immortal soul, but they can win one by their good deeds. We fly to the warm countries, where the close, pestilent air kills human beings. There we waft cool breezes to them. We spread the perfume of the flowers through the air, and distribute health and healing. When for three hundred years we have striven to do all the good we can, we receive an immortal soul, and can share in the eternal happiness of mankind. You, poor little mermaid, have with all your heart striven to reach the same goal as we. You have suffered and endured, and raised yourself to the world of spirits. Now you can, by good deeds, obtain an immortal soul after three hundred years."

And the little mermaid lifted her transparent arms toward the sun, and for the first time she felt tears coming into her eyes.

On the ship there was again life and merriment. She saw the prince with his beautiful bride searching for her. Sorrowfully they looked at the bubbling foam, as if they knew that she had thrown herself into the sea. Invisibly she kissed the bride's forehead. She gave the prince a smile, and rose with the other children of the air on the rosy cloud which sailed through space. "After three hundred years we shall thus float into the kingdom of heaven."

"We may yet get there earlier," whispered one of them. "Invisibly we float into the houses of mankind, where there are children; and for every day on which we find a good child who brings joy to his parents and deserves their love, our time of probation is shortened. The child does not know when we fly through the room, and when we smile with joy at such a good child, then a year is taken off the three hundred. But if we see a bad and wicked child, we must weep tears of sorrow, and for every tear a day is added to our time of trial."

Nu steg solen frem af havet. Strålerne faldt så mildt og varmt på det dødskolde havskum og den lille havfrue følte ikke til døden, hun så den klare sol, og oppe over hende svævede hundrede gennemsigtige, dejlige skabninger; hun kunne gennem dem se skibets hvide sejl og himlens røde skyer, deres stemme var melodi, men så åndig, at intet menneskeligt øre kunne høre den, ligesom intet jordisk øje kunne se dem; uden vinger svævede de ved deres egen lethed gennem luften. Den lille havfrue så, at hun havde et legeme som de, det hævede sig mere og mere op af skummet.

"Til hvem kommer jeg!" sagde hun, og hendes stemme klang som de andre væsners, så åndigt, at ingen jordisk musik kan gengive det.

"Til luftens døtre!" svarede de andre. "Havfruen har ingen udødelig sjæl, kan aldrig få den, uden hun vinder et menneskes kærlighed! Af en fremmed magt afhænger hendes evige tilværelse. Luftens døtre har heller ingen evig sjæl, men de kan selv ved gode handlinger skabe sig en. Vi flyver til de varme lande, hvor den lumre pestluft dræber menneskene; der vifter vi køling. Vi spreder blomsternes duft gennem luften og sender vederkvægelse og lægedom. Når vi i tre hundrede år har stræbt at gøre det gode, vi kan, da får vi en udødelig sjæl og tager del i menneskenes evige lykke. Du stakkels lille havfrue har med hele dit hjerte stræbt efter det samme, som vi, du har lidt og tålt, hævet dig til luftåndernes verden, nu kan du selv gennem gode gerninger skabe dig en udødelig sjæl om tre hundrede år."

Og den lille havfrue løftede sine klare arme op mod Guds sol, og for første gang følte hun tårer. På skibet var igen støj og liv, hun så prinsen med sin smukke brud søge efter hende, vemodig stirrede de på det boblende skum, som om de vidste, hun havde styrtet sig i bølgerne. Usynlig kyssede hun brudens pande, smilede til ham og steg med de andre luftens børn op på den rosenrøde sky, som sejlede i luften.

"Om tre hundrede år svæver vi således ind i Guds rige!"

"Også tidligere kan vi komme der!" hviskede én. "Usynligt svæver vi ind i menneskenes huse, hvor der er børn, og for hver dag vi finder et godt barn, som gør sine forældre glæde og fortjener deres kærlighed, forkorter Gud vor prøvetid. Barnet ved ikke, når vi flyver gennem stuen, og når vi da af glæde smiler over det, da tages et år fra de tre hundrede, men ser vi et uartigt og ondt barn, da må vi græde sorgens gråd, og hver tåre lægger en dag til vor prøvetid!"